なぜアマゾンは「今日中」にモノが届くのか

続々と新サービスを打ち出す
アマゾンの本当の強さの秘密とは

株式会社鶴 代表 林部健二

はじめに

アマゾンの企業理念は、「地球上で最も豊富な品揃え」そして、「地球上で最もお客様を大切にできる企業であること」の2つです。この2つを実現するために、妥協せず、常識に縛られず、様々な施策を打っているのがアマゾンという会社です。

それが如実に表れているのが、投資額の大きさです。アマゾンの業績を見てみるとわかりますが、売上は順調に拡大しているものの、利益については非常に小さくなっています。これは、物流（Fulfillment）とテクノロジーにかける投資が大きいためです。

大きな投資を行うようになったのは、売上が拡大してからではありません。創業当初から、アマゾンは大きな資金調達に成功し、それを元手に思い切った投資を行ってきました。私がアマゾンジャパンに参画したのは2001年のことでした。その前年にテレビでNHKの特集を観て、初めてアマゾンのことを知った時にも、やはりその投資額の大きさに非常に興味を惹かれました。本を1冊売っても200円くらいしか儲からないのに、投資を100億円もする……。一体この企業は何を考えているのだろうかと。

入社してみてわかりましたが、アマゾンは闇雲に投資を行っているわけではありません。もちろん、創業から数年間の大きな投資というのは、創業者のジェフ・ベゾスの英断によるもので、時には他のメンバーの反対にあうこともありました。しかし、これらも無鉄砲に行っていたわけではありません。ベゾスは、アマゾンが取扱品目を増やし、物流システムを構築して、規模を拡大していくことで、流通イノベーションを起こせると確信していたのでしょう。

当初はベゾスの強いリーダーシップのもとに行っていた大きな投資も、今ではアマゾンの企業文化となっています。結果的に失敗をすることもありますが、綿密な計算と分析にもとづいて、これと見定めた目標を達成するために様々な投資をしているのです。

なかでもアマゾンが物流に大きく投資をするのは、そこを改善していくことで、顧客満足度を上げることができ、生産性を上げることもできるからです。つまり、長期的な視点で、未来を見据えて、物流への莫大な投資を行ってきているわけです。それを、同じ理念のもとに何年も続けてきています。

物流への投資と一言で言っても、様々なものがあります。倉庫自体の数を増やしたり、拡張したり、マテハン（マテリアル・ハンドリングの略）と呼ばれる倉庫用の機械設備の導入、物流システムや人材への投資も含みます。

これらの投資の積み重ねで、今のアマゾンの物流システムがあります。一朝一夕にできたものではないので、他の企業がこれを形だけ真似したとしても、うまく回るものではないでしょう。

アマゾンの物流への大きな投資は、人材の面でも表れています。一般的な企業においては、物流部門というのはそれほど重要視されません。必要だから持ってはいますが、そこに配置される人材については、それほど気にしていないと思います。

しかし、アマゾンは物流システムを重要視する中で、最高の人材をそこに配置するようにしています。倉庫管理者の多くは、ＭＢＡを取っている人間です。新卒採用された東大卒の若手さえも、倉庫でピッキングをするところから仕事を始めます。アマゾンがどれほど物流を重視しているか、そこに優秀な人材をあてることが大事だと考えているかが、おわかりいただけるでしょう。

そして、ここまで物流に投資をする企業はアマゾン以外にはないと思います。私はアマゾンジャパンで、2002年から2006年までSCM（サプライチェーン・マネジメント）のマネージャとして、物流や倉庫オペレーションの管理をしており、多くの採用面接もしてきました。アマゾンの物流部門の人材のレベルの高さを知っている私からすると、他の企業も物流部門にあてる人材の教育、底上げにもっと力を入れるべきだと感じます。物流は誰にでもできる仕事ではありません。経営やテクノロジーの知識がある人が必要です。

もちろん、こうした優秀な人材を雇おうとするとお金がかかります。これが投資になるわけです。一般的な日本企業では、物流部門の社員にそんな高い給与は払えない、という話になりますが、それは物流に対する経営層のコミットメントの違いによるのです。

倉庫にどんなに優れた設備やロボットがあっても、それを動かし、何か非常事態があった時に判断をするのは人です。物流部門に優秀な人材をあてて、スムーズに物流を動かすこと、それだけでなく、現状の物流システムをより効率化していくことが、会社の理念に沿って顧客満足度を上げ、会社の売上を増やし、生産性も上げて、利益も増やすことになります。つまり、未来への投資になるのです。これがアマゾンの基本的な物流戦略の考え方です。ですから、物流に大きな投資をすることは、アマゾンにとっては非常識でも何でもないのです。他から見ると常識外れの投資をしているように見えますが、アマゾンの理念や戦略の根底にある考え方を知ると、納得できるものになるのではないでしょうか。

ここ数年、アマゾンに関する書籍や雑誌の特集などが多く出ていますが、アマゾンを内部から知っている私からすると、そのほとんどは表面的にアマゾンのサービスや施策を取り上げているだけで、結局「アマゾンはすごい」で終わってしまっているように思えます。これでは、アマゾンの本当の強さはわからない、日本企業が参考にすることもできない、と感じたのが、本書の出版を思い立ったきっかけです。

つい最近（2017年10月）もAmazon Keyという、留守中に配達員が家に入って荷物を届けるサービスが発表されて話題になっているように、アマゾンは次々と驚くような新サービスを始めます。しかし、グローバル展開する前にやめることも多くあります。

アマゾンの強さは、こうした新サービスを思いついて実行できることにあるのではありません。アマゾンは、新サービスを始める際に、どうなれば成功と言えるのか、という基準を持って始めます。そして、週次ベースで徹底的に様々な指標をレビューしたうえでビジネス判断を行い、失敗なら素早く撤退し、成功の見込みがあるなら何年赤字でも継続して改善をしていきます。無闇に新サービスを毎月のようにリリースしているように見えるかもしれませんが、明確な理由と裏付けにもとづいて試行錯誤をしているのです。次々と打ち出されるアマゾンのサービスや施策を個別に見ているだけでは、こうしたアマゾンの強さの秘密はわかりません。

本書では、アマゾンの物流戦略を中心に、アマゾンという会社がなぜそんなにも強いのか、一体どんな理念や文化を持って経営を行っているのかを紐解きたいと思います。日本企業の経営者や物流責任者、アマゾンと関係する企業の全てのビジネスパーソン、そして、アマゾンのサービスを享受する一般の方にもわかりやすく、アマゾンという会社の実態を紹介していきます。特に、アマゾンに対抗しようとする企業の経営者や物流責任者の方にアマゾンの強さの秘密を認識してもらい、「このままでは到底だめだ、変わらなければいけない」と奮起する材料にしていただくことが一番の狙いです。

「アマゾンはやはりすごい」で終わらずに、何かしらのヒントを得て、一歩を踏み出す原動力にしていただければ幸甚です。

２０１７年11月
株式会社鶴 代表　林部 健二

もくじ

第1章

アマゾンが引き起こした激変

通販の常識を変えたアマゾン

今では通販業界の王者として君臨しているアマゾンですが、アマゾン以前から当然、通販という形態があり、多数の通販事業者がありました。しかし、アマゾンは通販の常識を大きく変えたという意味で、特別な存在と見られています。一体、何をどのように変えていったのでしょうか。

今でこそ、通販と言えばアマゾンのようなネット通販が主流になっていますが、もともと通販はインターネットが普及するずっと前から存在していました。カタログ通販、ラジオ通販、テレビ通販など、実店舗を介さない通販が、昭和の時代から長い間、広く行き渡っていたのです。

そこに、インターネットという技術が登場しました。そして、1990年代半ば以降、インターネットはものすごい勢いで一般に普及し始めました。日本の通販事業の形態を大きく変えた存在がインターネットだったのです。インターネットの登場によって、日本の通販、はたまた小売業というものがどのように変化してきたのか、また、その中でもアマゾンが通販業界にどのようなインパクトを与えてきたのかを見ていきましょう。

インターネットによって変化した通販

アメリカでアマゾンのサービスが始まったのは１９９５年。創業者のジェフ・ベゾスは、創業初期から、いずれ商品カテゴリを増やしていくことを想定していたと言われていますが、最初は書籍のみを取り扱っていました。

書籍の通販から始めた理由はいくつかあります。まず、マーケットが大きいこと。そして、リアルな店舗で購入しても通販で購入しても、特に商品内容に変わりがないこと。また、リアルな店舗よりもネット通販のほうが、多くの商品を販売できるというメリットがあります。アメリカには、バーンズ・アンド・ノーブル、ボーダーズといった大手チェーン書店や、先にネット通販を始めていたオンライン書店があったにもかかわらず、「より優れたシステムを作ることができれば、勝てる可能性がある」とベゾスは考えたのです。

最初の頃は、書籍の在庫を持たず、注文があったらその都度卸し（取次）に注文し、書籍が届いたらそれを梱包しなおして顧客へ発送する、という形で対応していました。しかし、アマゾンはすぐにインターネット普及の波に乗り、急激に販売数を伸ばしていくことになります。

さて、インターネットの普及によって、通販業界はどう変わったのでしょうか。一般的によく言われているのは、無数の商品を販売できるようになった、ということです。これは、アマゾンに限らずネット通販の強みと言えるでしょう。テレビ通販やラジオ通販には時間の枠がありますし、カタログ通販であれば紙面の制限があったため、「売れる商品」に絞って販売することしかできませんでした。

しかし、ネット通販はある意味無制限の商品棚を持っています。これにより、一定の需要があるものの販売見込み数の少なかった「ニッチな商品」も販売可能になったのです。こうした、今まで販売機会の少なかった商品も多数販売して、全体の売上を大きくすることを、マーケティングの用語で「ロングテール」といいます。ネット通販は、こうしたロングテールをうまく活かしていったのです。

また、ネット通販を利用することで、誰もが公平に、適正な価格で購入できるようになりました。どういうことかというと、田舎は都会と比べてリアル店舗の数が限られるので、価格競争が行われません。そのため、同じ商品でも都会より高い価格でしか買えない、という現実がありました。反対に都会においては、お店の数が多いため、激しい価格競争が行われ、価格が不当に安くなることもありました。これが、リアルの店舗しか選択肢がなかった時の話です。

ネット通販の登場により、買い物が便利になっただけでなく、こうした住む場所による価格の違いといった不公平がなくなりました。顧客から見れば、高過ぎない適正な価格で購入できるようになったわけです。ネット通販が社会変革を起こした、と言うこともできます。

配達のスピードが変わった

もう1つ、インターネットが通販業界に与えた大きなインパクトがあります。ネット通販登場以前のカタログ通販などでは、「いつ届くかわからない」のが常識でした。注文してから実際に商品が手に入るまでに大きなタイムラグがあったのです。注文したことを忘れた頃に届くこともありました。

しかし、ネット通販、特にアマゾンの登場によって、「通販で注文した商品はすぐ届く」ことが当たり前になりました。今では､アマゾンで日用品を購入する人も多いと思います。

明日無いと困るような品物を注文できるようになったということは、商品がすぐ届くことの証拠でもあります。スーパーで買っていたお米や水などの重いものをアマゾンで買うようになり、アマゾンのおかげで生活が便利になったと感じている消費者も多いのではないでしょうか。

しかし一方で、こんな面白い話もあります。以前、あるテレビ通販の大手代理店の社長と話をする機会があったのですが、その時彼は「アマゾンが通販の常識を壊した」と言ったのです。「もともと通販は、いつ届くかわからないところに魅力があった。テレビ通販は、注文したことを忘れた頃に届くという嬉しさや、届くのを待つという楽しみがコンセプトだったのだ。すぐに届くようになったことで、思いを馳せる時間がなくなってしまった」と彼は言いました。

これには、なるほど、と思うところもありました。クリスマスプレゼントと同じようなイメージでしょうか。いつ届くんだろう、届いたらどこに飾ろうか、こうやって使うのもいいかもしれない、と待っている間にあれこれ想像して楽しむことが醍醐味だったのに、ということです。

日本の小売業の問題

さて、ネット通販が、商品のラインナップや配送スピードなどにおいて、今までの通販の常識を大きく変えたことは説明してきた通りです。では、アマゾンとその他の日本の通販事業者の違いは何なのでしょうか。現在、ほとんどの小売業がネット通販に参入していることも踏まえ、ここからは日本の小売業の実態について見ていきたいと思います。

１９９０年代末、ネットバブルに入る頃、日本の小売業は衰退しかけていました。私は、２００１年にアマゾンに入社するまで、百貨店業界に非常に近いところに身を置いていたので、小売業界の実態を目の当たりにしていました。

百貨店業界の人には商売のセンスがないのでは、と感じることもありました。商売を続ける限り、どんな業界であっても、戦略的・合理的な考えを持って、利益を上げていく企業努力が必要です。それにもかかわらず、当時の百貨店業界では、入ってきた商品をただひたすら並べているだけの商売をしていたのです。高度経済成長期であれば、ただ並べるだけで売れる商品がたくさんあったのでしょうが、時代はどんどん変わっているのですから、こんな旧態依然としたやり方では生き残れません。

こうした状況の中、百貨店業界には「お客様に対して優れたサービスを提供している」ことを主張する企業がたくさんありました。当時、「お客様は神様」という認識も非常に強くあったのです。

接客のクオリティももちろん大切ですが、こうしたサービスの向上というのは短絡的で安易な施策に過ぎません。合理的に考えれば、商品のラインナップ強化や販売戦略、生産システムの構築や在庫管理の効率化など、もっと優先的にやるべきことがたくさんあります。


しかしながら、百貨店業界はそうした攻めの経営戦略を実行するには、すでに弱りきっていました。長期的に見て、本来改善すべき問題に対処することができず、その場しのぎのお客様サービスに走るしかない、そうした経営スタイルになっていたのです。

これはまさに、バブル時代の考えです。この先も経済は伸び続けるという前提で、企業努力をしてこなかったので、時代の変化に対応することができませんでした。前例がないことや社内政治など、つまらないことを理由に、当たり前にやるべきことを誰もやらない、というのが日本の小売業の世界でした。

小売業というのは、一商品あたりの利益は少ないのですが、元来スケールするビジネスモデルです。「スケールする」とは、事業規模を拡大することによって、商品1単位あたりのコストを小さくしていくことを意味します。小売業においては、販売数が大きくなればなるほど、一つひとつの商品のコストが下がり、利益を増やすことができます。

ですから、スケールするであろうと見込んだ商品やビジネスに投資をして、いわゆる薄利多売のビジネスを展開するのが小売業のビジネスモデルです。

小売業と対照的なビジネスモデルをとっているのがゲーム業界です。ゲーム業界は、それほどスケールはしないのですが、利益率が高いビジネスですから、新作のリリースで一気に大きく稼ぐことができます。そして、稼いだ利益を次のゲームの制作費にあて、常にヒット作を狙う、というビジネスモデルです。

小売業は一商品あたりの利益は薄いけれど、その分スケールする商売であり、需要変動も少ないと言われていました。ゲームのように新作が出れば需要が急激に高まる、といったことはありませんが、日常的にある一定のニーズがあるので、たとえば商品数や店舗数を増やしたりすることで、売上を伸ばすことができたのです。

しかし、需要の変動が小さいと言われていた小売業界の構造も、1991年のバブル崩壊を機に崩れていきました。バブルが弾けた影響も冷めやらぬ中、2008年にはリーマンショックも起き、消費者の需要はどんどん弱まっていったのです。

こうした売上減少に対する次の一手を考えていればよかったのですが、それまで一定の売上があることを前提とした設備投資を行っていた小売業界は、顧客の減少や事業の縮小に対応できるだけの資金がなく、利益のコントロールができなくなっていきました。

このような状況下において、日本の小売業界は特に大きな変革を起こすことはできませんでした。もともとロジカルに商売を考え、ロジカルに行動できる風土の業界ではなかったため、旧態依然とした立地集客で、昔からの顧客にしがみつき、ただ決められた商品を並べるだけの一辺倒なやり方しかできなかったのです。需要が落ち込んでいるのは皆わかっていましたが、何も新しい取り組みができない状況が続き、小売はもはや伸びることのない産業だと認識されるようになっていきました。

アマゾンの桁外れの投資

そのように日本の小売業が停滞している中、あえて小売業をネットで展開するというクレイジーな会社が現れたのです。それがアマゾンでした。アメリカで１９９５年にサイトをオープンしたアマゾンは、２０００年の末、日本に上陸しました。

彼らは、その完璧な資本主義をもって日本のマーケットに乗り込み、そのビジネスのやり方を徹底しました。実はこれが、ある意味アマゾンの基本戦略であり、ここまでアマゾンが巨大化した理由でもあります。とにかくアマゾンは、既存の小売業界の人間から見れば、「常識では考えられない」と思うようなことを数多くやってのけたのです。

詳細は2章以降で述べたいと思いますが、アマゾンの物流への巨額の投資がその代表的なものです。もともと利益の薄い商売ですから、普通の小売であればそんなに多額の投資などできません。一体何年かけて回収するつもりなのか、と思われるでしょう。しかしアマゾンは、大きな投資を継続的に行ってきています。

倉庫を例にしてみましょう。みなさんは倉庫と聞いてどんなイメージを持つでしょうか。こんなことを言うと倉庫で働いている方々に怒られてしまうかもしれませんが、古い・汚い・作業員が体を張って働いている、というのが正直なところではないでしょうか。

一般的に、商品開発や営業などは、直接的に会社に利益をもたらす部門として位置づけられています。つまり、いくら利益を生み出したのかで評価される部門です。こうした部門を「プロフィットセンター」と言います。一方で、直接的に利益を生み出さない部門を「コストセンター」と言います。倉庫業務や物流業務はコストセンターにあたります。つまり、彼らにとってはコストだけが評価尺度です。そのため、必然的にコストダウンを目指すしかなく、古くても汚くても倉庫にはお金をかけられないというのが一般的な考えでした。

こうした従来の倉庫の概念をひっくり返したのがアマゾンです。アマゾンは倉庫に尋常でない金額の設備投資をしました。どんどんハイテクを導入して、倉庫内にいくつもの無線を飛ばして、機械でモノを運ぶ仕組みを作ったのです。

そんなことをしてコストを回収できるわけがない。誰もがそう思いました。アマゾンは本のネット通販からスタートしましたが、本を1冊売っても利益は２００円程度。それにもかかわらず、アマゾンは平気で倉庫に１００億円の投資をするのです。小売の常識では考えられないし、私もはじめはすぐに潰れるのでは、と思っていました。

インターネットが信じられないスピードで普及していった１９９０年代。ベゾスは恐ろしい博打に出たわけです。いや、むしろ天才的な先見の明を持っていたと言うべきでしょうか。今後のネット通販の高成長を想定したうえで、逆算した投資だったのでしょう。いずれにしても、未来を見据えて投資していたことは確かです。それは、とんでもない未来です。普通の人間では考えられないような未来を想定して、普通の人間では考えられないような投資を行ったのです。

普通の経営者が「5年後には従業員の給料を上げるぞ、もっとたくさん人を雇うぞ、そのために売上を伸ばすぞ」と考えるのに対し、ベゾスは「5年後にはきっと皆宇宙に行くぞ、そのために今のうちにロケットを買っておこう」というような次元の話なのです。

とにかく、ベゾスは流通イノベーションを起こせると感じて、このネット通販にものすごい投資をし、さらにはそれを信じられないスピードで一気に具現化していきました。そして、様々なイノベーションを起こすことで、配達のスピード、決済方法、商品の取扱数、検索方法など、今までの通販の課題を解決していったのです。

アマゾンの本当のすごさとは

前述の通り、日本の小売業は、消費者の需要の減少により売上が伸び悩み、利益を生み出せなくなっていきましたが、アマゾンは違いました。一商品あたりのマージン（利益）が薄くても、全体としてしっかりと利益が出るよう、厳密に経営をコントロールしていたのです。そして、日本のマーケットでも急激に売上を伸ばしていきました。

もちろん、アマゾンの急激な成長は、インターネットの普及という理由も大きかったと思います。ネット通販はロングテールを扱えるため、販売商品数も販売力も一気に伸びました。しかし、それはネット通販ならどこも同じ条件です。また、ネットというプラットフォームはあくまでも商品棚であるに過ぎません。アマゾンが本当にすごいのは、「商品を顧客に届ける」というところに、本気で取り組んだことです。

アマゾンは、企業理念に「地球上で最も豊富な品揃え」「地球上で最もお客様を大切にできる企業であること」の2つを掲げています。後者の「お客様を大切にできる」という点を実現するために、商品をできるだけ速く、安く、消費者に届けることを追求し続けたのです。それはインターネットとは全く別軸の世界で行われました。

その1つの例が先ほどの倉庫です。従来のコストセンターとしての倉庫であれば、そこに多額の設備投資などできなかったでしょう。しかしアマゾンは、商品を速く安く届けるためには、この倉庫こそが要だと考えていたのです。そして、倉庫管理に優秀な人材をあて、ハイテクを駆使し、徹底したマージンコントロールを行う。このようにして、倉庫の効率を飛躍的に上げることで、その利益を「安さ」という形で消費者に還元していくのです。どこよりも安い品揃えに、自然と購買数が増える。それによってさらなる設備投資が可能になる。アマゾンは、このような無敵のサイクルを作り上げたのです。

これが、他の小売企業が対抗できない、圧倒的なアマゾンの強さの秘密です。

アマゾンが作り出した物流は、他の企業の物流とは全く異なり、より製造業に近い概念を取り込んでいます。「どこよりも速く安く」を可能にしたアマゾンの物流の仕組みは一体どうなっているのでしょうか。アマゾンの本当の強さである物流戦略については、次章で詳しく見ていきます。

アマゾンと日本の物流

アマゾンの物流戦略について語る前に、アマゾンと日本の物流の現状を見ておきたいと思います。いまやアマゾンと言えば、「速く届く」というイメージが当たり前のものとなっていますが、日本において、このアマゾンのスピード配送を支えているのは、ヤマト運輸、佐川急便、日本郵便などの配送業者です。アマゾンを語るうえで、切っても切り離せない彼らの存在。そこで、まずは日本の物流の現状について説明しておきましょう。

ヤマト・佐川・日本郵便にみる日本の物流

少し大きな枠組みで話を始めますが、物流には、原料や食品、機械などの輸出入を行う「国際物流」というものがあります。これは、船を使った海上輸送や、飛行機を使った航空輸送で行われるものです。一方、トラックを使って国内で物を運ぶ輸送を「陸上輸送」と言います。ヤマトや佐川、日本郵便はこの陸上輸送にあたります。

また、陸上輸送はＢ to ＢとＢ to Ｃに分かれています。Ｂ to Ｂ（Business to Business の略）は企業間の取引、Ｂ to Ｃ（Business to Customer の略）は企業と一般の消費者の取引を意味します。つまり、企業から企業へ物を運ぶのがＢ to Ｂ、通販のように企業から個人宅へ運ぶのがＢ to Ｃです。ヤマト、佐川、日本郵便などの宅配便は、Ｂ to Ｃに当てはまります。

昨今、アマゾンなどの通販の広がりによって宅配需要が高まり、Ｂ to Ｃの荷物の取扱量は急増していますが、物流という大きな概念で見ると、実はマーケット規模が大きいのは、まだまだＢ to Ｂのほうなのです。ヤマトや佐川もＢ to Ｃの宅配便を始めるよりもっと前から、Ｂ to Ｂの輸送を行っていました。

トラック運送業は、もともと「道路運送法」という法律のもとで、免許制度や、全国および地域均一の許可運賃制度などの事業規制がありました。その当時は、厳しい規制により、運輸業は大手企業だけが取り扱える業種でした。

しかし、１９９０年に物流二法（貨物自動車運送事業法、貨物運送取扱事業法）と呼ばれる法律が施行され、運輸業の開始に必要な資本金、免許、従業員数などについて、一定の規制緩和が行われました。さらに、２００３年には物流二法が改正され、規制が大幅に緩和されました。この2段階の規制緩和により、小さな会社でも、トラックを5台保有していれば、比較的容易に運輸業を始められる状況になったのです。また、それまで規定されていた配送運賃も、最終的には運送会社ごとに定められるようになりました。これによって、運送業への新規参入者が急増し、業界の競争が激化していきました。

その結果何が起きたかというと、「うちは高速を使わずに、寝ないで一般道を走って行くので、他社より安くできます」といった、無茶を言う会社が出てきたのです。最低賃金や原価を割ってでも、とにかく仕事を取りに行く、という価格競争が激化していくことになりました。

ＢtoＢ輸送が値下げ競争を繰り広げる中、ＢtoＣは宅配というマーケットを着実に広げていきました。宅配需要が伸びていく背景には、通販やお歳暮などの季節商材の需要や、郵便との差別化があげられますが、最も大きなきっかけとなったのが、アマゾンをはじめとするネット通販の台頭です。

前述の通り、宅配便を代表する大手3社は、ヤマト、佐川、日本郵便です。そして、この中でヤマトが生き残っていくことになります。宅配においてヤマトが圧倒的に強いことは、みなさんも日常においてなんとなく肌で感じているのではないでしょうか。アマゾンで注文した商品のほとんどがヤマトによって届けられているのも、お気付きの方は多いと思います。

では、ヤマトの勝因は何だったのでしょうか。それは、圧倒的なサービス力の強さです。顧客の需要を取り入れて、時間指定配達やクール便などのサービスをいち早く展開していっただけでなく、そのサービスの品質も素晴らしかったのです。

ヤマトはセールス・ドライバーを下請け業者に頼むことなく、自社の社員が集荷・配達を行うことを原則としています。「ドライバーはただの運転手ではなく、セールスマンだ」というのが、ヤマトの「宅急便」の生みの親である小倉昌男氏の理念でした。消費者への丁寧な接客が根底にあることが、総じて品質の良さにもつながっているのでしょう。

一方、ヤマトを追いかける形となった佐川はどうでしょうか。佐川はセールス・ドライバーを下請け業者に頼んでいたり、自社のＢtoＢから流れてきた人材をＢtoＣで受け入れていました。値下げ競争の世界であるＢtoＢからやってきた社員たちは、ＢtoＣでも気合と根性で「ヤマトよりも安い」価格を提供してきましたが、残念ながら品質ではヤマトに劣っていました。

では、日本郵便はどうだったのでしょうか。先ほど宅配便は大手３社と言いましたが、２００９年までは、ヤマト、佐川、日本通運、日本郵便の４社が力を持っていました。しかし、２０１０年、日本通運の「ペリカン便」と日本郵便の「ゆうパック」のサービスが統合することになりました。もともと国営だった日本郵便は、サービスにおいてヤマトと佐川の２社に敵うことはなく、料金も決して安くありませんでした。

その結果、最終的に消費者が選んだのは、品質が良くサービス力が高いヤマトだったのです。

そんな三つ巴の戦いが繰り広げられる中、彼らの一番の荷主になるアマゾンが登場してきます。前述の通り、アマゾンの台頭により宅配サービスの需要増加に拍車がかかりました。そして、アマゾンからの受注をめぐり、さらにこの３社の競争は激化していくのです。

そこでは、一体どのような競争が繰り広げられたのでしょうか。また、昨今のヤマトの値上げはなぜ引き起こされたのでしょうか。結果的に、アマゾンの存在は日本の物流業界にどのような影響を与えたのでしょうか。

これらを説明するためには、まず通販業界の王者アマゾンという会社の戦略についてお伝えしておく必要があるでしょう。物流からは一旦話が逸れますが、この後の話を理解していただくため、お付き合いいただければと思います。

取引先に競争させるのがアマゾンの戦略

アマゾンは徹底した資本主義の考えのもと、全ての取引会社を互いに競争させることで、完璧な経済合理性をもって契約を締結する、という戦略を持っています。他社に対して競争優位性を築こうとする取引企業の努力を利用して、高い品質を担保し、アマゾンにとって有利な取引条件を引き出していくのです。

アマゾンはもともと書籍のネット通販から始めましたが、たとえば書籍の仕入れについても業者間で競争をさせています。日本の書籍流通の世界では、トーハン、日本出版販売（以下、日販）、大阪屋栗田（以下、大阪屋）といった取次会社が、アマゾンから見た仕入先の業者（サプライヤー）にあたります。

アマゾンは本を仕入れる際に、各取次会社に様々な条件を提示して互いを競争させ、最も条件の良い業者から順位付けをします。そして、順位が上の会社から優先的に購買リストを渡すのです。たとえば、順位トップの会社がそのうち50％を納品すると、次に2番目の会社に残りの購買リストが回ってきて、そこが30％納品し、残りの20％が３番目の会社に流れるといった仕組みです。この仕組みを「カスケード」と呼びます。

カスケードの順位は、取引条件によって変わります。条件の1つは「正味《しょうみ》」、つまり仕入価格です。当然のことながらアマゾンは正味の低い会社を優先します。たとえば、大阪屋が正味80円、日販が85円、トーハンが90円という数字を提示してきたら、正味の観点から大阪屋が順位のトップになります。しかし、もし翌月日販が79円という数字を出してきたら、アマゾンは容赦なく順位を入れ替えるのです。

一般的には、書店が取次会社の帳合《ちょうあい》（取引関係）をこのように頻繁に変えることはそうありません。仕組み上「できない」と言ったほうがいいかもしれません。通常は「◯◯書店の△△店は大阪屋から仕入れる」と決まっているもので、「正味に応じて今月は日販にしよう」といった購入の仕方をしていないのです。ちなみに、大手日系ネット書店などはシステム上、帳合の変更は可能なのですが、取引先に気を遣って実際には行っていないようです。

図１　カスケードの仕組み

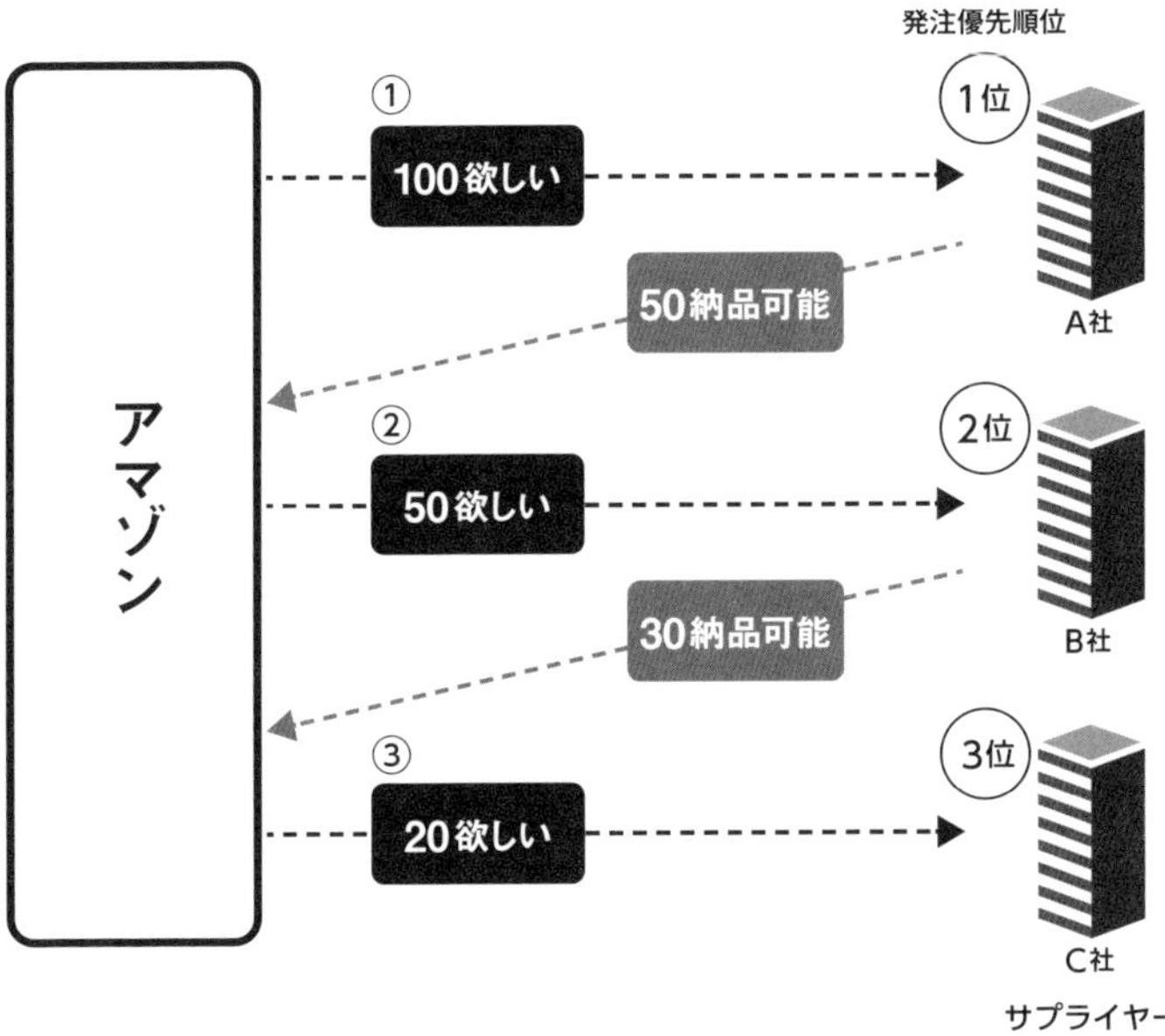

カスケードの順位で1番になるのと3番になるのとでは、アマゾンからの注文量は10倍〜30倍も変わってきます。そのため、どの業者も順位のトップを狙って必死になり、気付けば値下げ合戦の渦中に放り込まれているのです。

組織というものは、どんなに優秀な人たちが集まっていても、ある一定のしきい値を超えると、経済合理性を失うものです。

たとえば、カスケードトップのA社の売上が2000億円、2番目のB社の売上が500億円だったとしましょう。前述の通り、カスケードのトップかそうでないかで注文量は大きく変わってきますので、B社はA社との差額1500億円を取りに行きたくなることでしょう。つまり、値下げをしてでも、カスケードのトップの座に着き売上を伸ばそう、という考えが働きます。

しかし、A社の売上2000億円に対して利益が100億円、B社の売上500億円に対して利益が90億円だったとしたらどうでしょうか。A社とB社の売上額の差1500億円に比べて、利益額の差はたった10億円です。この10億円の利益を追求するために

1500億円分の商品を処理するための設備投資等を行わなければならないリスクを考えれば、利益率を担保したまま500億円の売上を維持したほうがよいと思われます。会社としても売上より利益を重視するのは普通ですし、株主視点でも「利益に大差がないのならB社のほうがいい」と捉えそうです。

それでも、企業というのは、営業部門とファイナンス部門が分かれていたり、IRや株価などの複雑な力学が働いたりすることで、必ずしも売上を軽視できないのが実情です。

もし、A社が「今期は利益率重視でアマゾンとの取引量は減らす」と方針転換をし、その結果売上が2000億円から500億円に下がり、利益が100億円から90億円に下がったとしましょう。利益は大差がなかったとしても、今まで3期連続売上2000億円以上をキープしていた会社が、突然1500億円も売上を落としたら、この数字が株価にネガティブな影響を与えてしまったり、今まで行った設備投資が無駄になってしまうことも十分あり得ます。そうなると、やはり売上も維持したいということになります。

このように企業には様々な力学が働くため、単純に経済合理性だけで考えることができなくなり、その結果組織としての理性を失っていくのです。それをアマゾンは利用します。

もちろん、コンペや値下げ交渉など、似たようなことは様々な企業で行われているでしょう。ただ、アマゾンはこのやり方を科学的に徹底して行います。自分たちの最大利益を計算し、どこからどれだけのマージンで仕入れれば、その最大利益が得られるのかを綿密に計算したうえでの発注ロジックで、取引企業をコントロールするのです。

「最大利益を得られるように」とはどういうことなのか、わかりやすい例を1つ紹介しましょう。

発注優先順位の決め方の1つとして、先ほど正味を例にあげてお話しました。しかし、正味のほかに「リベート」という条件もあります。この場合のリベートは、仕入割戻しのことです。

先ほどの、売上2000億円のA社と売上500億円のB社の例を思い出してください。この2社は、A社がカスケードのトップで、B社が2番目でした。さて、ここでアマゾンがB社と「アマゾンの購入額が年間500億円を超えたら、アマゾンはB社からリベートをもらえる」という契約を結んでいたとしましょう。アマゾンは、自分たちの最大利益のためにB社からのリベートを受け取れるようコントロールします。

たとえば、期末が近づいてきて、「Ｂ社からの購入額がもう少しで５００億円に到達しそうだけれど、カスケードの順位が２番目のままだと届きそうもない」という状態だったとすると、アマゾンはカスケードの順位を急に入れ替えるのです。Ｂ社をトップにすることで、期末までになんとか５００億円を超えるようにコントロールし、期末が過ぎたらまた順位を元に戻すのです。

何も知らないＡ社は、順位の入れ替えによって突然アマゾンからの発注量が激減して驚くわけです。時には取次から怒りの電話がかかってくることもあります。カスケードの順位はこうしてアマゾンの都合で頻繁に入れ替わり、取次の売上はそれに左右されることになります。アマゾンとの取引量は無視できないほど大きいのです。

アマゾンはこうした自社の最大利益を確保するための、様々なテクノロジーを実装し、目標とするマージンを達成できるように発注先や発注量をコントロールしているのです。

図２　カスケード逆転

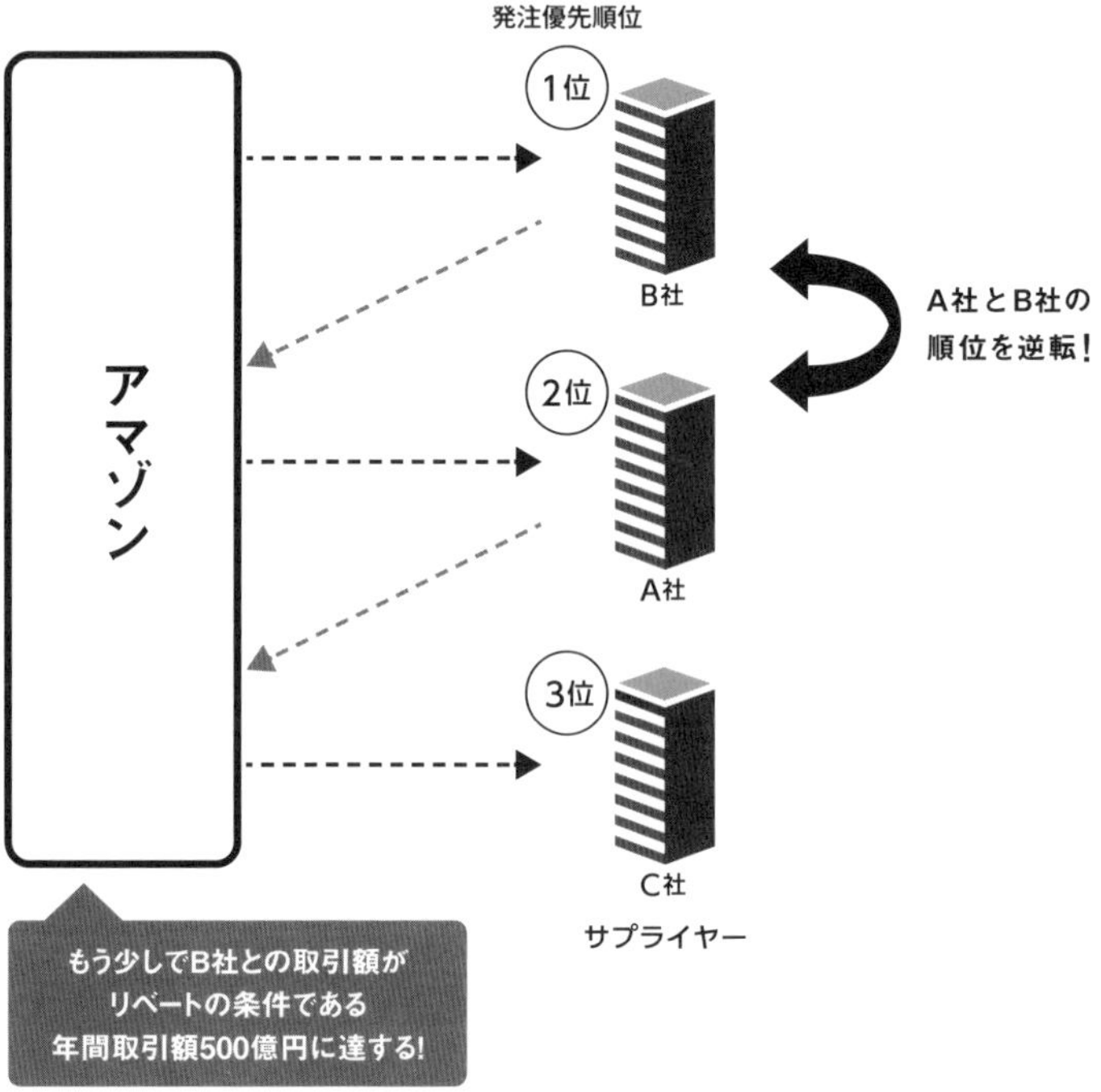
発注優先順位
1位
B社
A社とB社の
順位を逆転！
アマゾン
2位
A社
3位
C社
サプライヤー
もう少しでB社との取引額が
リベートの条件である
年間取引額500億円に達する！

アマゾンには、取次からの納入だけでなく、出版社から直接個別に書籍を納入してもらう「ｅ託販売サービス」（以下ｅ託）という仕組みもあります。このｅ託は、書籍だけでなく、ＣＤ、ＤＶＤ、ソフトウェアなどで利用可能です。これを出版社に利用してもらえば、アマゾンは、取次を通すよりも安い価格で出版社から直接購入することができるのです（形式としては委託在庫ですが）。

アマゾンジャパンは２０１６年４月、それまで行ってきた「日販バックオーダー発注」を同年６月末で終了することを通知しました。この通知は、取次や出版社に大きな衝撃を与えました。

日販バックオーダー発注とは、取次大手の日販に在庫のない書籍を、アマゾンが日販を通して出版社から取り寄せる仕組みのことです。出版社は、この仕組みのおかげで、在庫切れになっても日販を通してアマゾンからの注文が来ることが期待できました。しかし、バックオーダー発注が終了するということは、アマゾンと直接取引をしていなければアマゾン上で在庫切れのままになってしまう、ということを意味します。

つまり、出版社にしてみれば、アマゾン上での在庫切れを確実に防ぐためには、直接アマゾンと取引をしたほうがよいという考えになります。実際この通知後、e託を利用してアマゾンと直接取引を始める出版社が急増しているようです。

これは一例に過ぎませんが、アマゾンはこうしてサプライヤー（この場合には取次と出版社）をうまくコントロールして、常に自社に有利な調達を行っています。


アマゾンは売上高約16兆円（2016年12月期）の大企業ですが、最終的な営業利益の着地点をぴたりと計算で合わせることができます。利益が最大化されるように、綿密に計算された様々なアラートが仕掛けられているのです。普通の会社であれば、人間による確認や話し合いで決定されるようなことが、アマゾンでは非常に機械的・合理的に行われているのです。

日本では、一般的に会社同士の付き合いにおいても、義理人情が通用します。いつもお世話になっているから、今までお世話になってきたから、というのがまかり通るのです。いわゆる「浪花節」の世界です。

しかし、アマゾンとはそのような義理人情による取引が通用しません。そのため、アマゾンと取引を継続する限り、どの会社も追われるように競争をし続けることになります。

こうした徹底したマージンコントロールにより、利益を増やして、人を雇い、様々なテクノロジーを実装して、拡大していったのがアマゾンという会社なのです。

アマゾンとの関わりによって物流業界に何が起きたか

アマゾンのカスケードの仕組みによって戦わされているのは、アマゾンに商品を卸している業者だけではありません。配送業者でも同じような競争が起きていたのです。ここで、話を物流に戻しましょう。

個人への膨大な量の小口配送を必要とするアマゾンにとって、配送業者は重要な存在のはずです。しかし、アマゾンは配送業者を頼りにするというよりは、複数の配送業者をうまく資本主義の原理で戦わせて、コントロールしています。そのやり方は、日本の昔ながらの商慣習とは相反しています。

普通の日系企業であれば、配送業者を競争させて頻繁に取引業者を入れ替えたりはしないでしょう。「昔からヤマトさんにお願いしているから」という、非常に義理人情寄りの理由で、その企業の配送は今も昔もヤマトなのです。

私もアマゾンから日系企業に転職した時、まさにこういった状況に直面しました。他社のほうが好条件だったため、配送業者を変えようと提案したのですが、「昔からお願いしているから」という理由で一蹴されたのです。

アマゾンという超資本主義的な環境に約10年間身を置いた私からすると、こうした日系企業の慣習は、非合理的・非生産的・非資本主義的としか言えません。ただし、「義理人情」という言葉が示すように、昔からの付き合いとか、日頃からお世話になっているといった「優しさ」や「コミュニティ」という概念で取引が成り立っているのが、日本のビジネスの世界なのです。


そんな平和な日本のビジネスの世界に、アマゾンが本気の資本主義をもって乗り込んできたわけです。何十億円という決裁権を持ったアマゾンの人間は、「この条件で承諾いただけないなら、契約は破棄させていただきます」と言って、平気で取引先を切ることができます。今まで「優しさ」をベースに取引を行ってきた日系企業にとっては、アマゾンの合理的過ぎるやり方は衝撃だったでしょう。しかし、アマゾンとの取引額が１０００億円、

２０００億円というような巨額の規模になってくると、そう簡単に契約を切られるわけにもいきませんから、仕方なく値下げや、その他の不都合な条件も呑まざるを得なくなったのです。

こうして、アマゾンは配送業者であるヤマト、佐川、日本郵便の３社も、様々なやり方で競争させました。ある時はヤマトが優位に、ある時は佐川が優位にと、皆必死にアマゾンに食らいついていきました。しかし、これは毒まんじゅうのようなもので、食らいつけば食らいつくほど営業利益が下がっていく仕組みになっています。配送業者においても、気付けば皆が利益度外視で、価格競争に躍起になっているという状況ができあがっていったのです。

アマゾンとの取引で優先順位が落ちると、急に数百億円売上が落ちるということもあります。ですから、アマゾンの希望を満たすように、優先順位を落とされないように、配送業者は皆、価格もサービス要求も受け入れていきます。アマゾン以外のネット通販事業者もアマゾンに追随してサービスレベルを上げていきましたので、配送業者は採算度外視でそれに対応し続け、疲弊していきました。

長年A社にお世話になってきたから、急に他社に乗り換えることはしづらい。それが一般的な日本企業の取引先選定に対する考え方だと思います。もし乗り換えるとしても、ソフトランディングを狙って、少しずつ割合を変えるなどのやり方をするでしょう。しかし、アマゾンは取引先選定に、そうした感情的な「しがらみ」を持ち込みません。顧客にとって利益になること、アマゾンにとって利益になること、それを論理と数値で判断していきます。これは、とても日本企業に真似のできるやり方ではありません。

こう言うと、アマゾンをまるで悪者扱いしているようですが、そうではありません。アマゾンは高い理念を追求しているだけなのです。その理念とは、より安く、より速く、顧客のもとに商品を届けるということです。自分たちだけではそれが達成できないので、達成するためにサプライヤーや配送業者に協力してもらっているのです。常に顧客のためになるかを考える、つまり顧客至上主義を貫いているのが、アマゾンという会社なのです。

さて、物流業界では、この激しい競争の果てに何が起きたのでしょうか。

アマゾンの台頭により、日本の通販市場が急激に拡大すると、それに応じて物量が増え、宅配需要が加速していきました。そうすると、業者間の競争だけでなく、同じ会社の中でも営業所間での競争が発生するようになったのです。各営業所の営業マンが、本来あるべき料金体系を無視し、営業所単位で独自に値引きをし始めました。

その結果、採算が取れなくなり、この競争から最初に降りることになったのが佐川でした。２０１３年、佐川はアマゾンとの取引を打ち切りました。もともと日本郵便とヤマトの間には圧倒的な力の差がありましたから、この宅配便三つ巴の戦いは、佐川が降りた時点でヤマトの一人勝ちとなったのです。

しかし、そんなヤマトも、ふたを開けてみれば営業所の中は大変な状況になっていました。本来ヤマトの宅急便は、荷物のサイズ、重さ、そして運送距離によって料金体系が決められています。しかし、特定の荷主に対しては一律料金を採用したり、30kgの荷物にもかかわらず20kgの扱いにしてサービスしたりするなど、採算の合わないことを営業所単位で無数に行っていたのです。

その結果、当然のことながら利益率は下がってしまいました。また、急増する荷物の量に対して人手不足の状況が続いたことで、サービスレベルも低下していきました。

そんな危機的状況の中、２０１７年4月、ついにヤマトが決断を下したのです。それが配送料の値上げでした。ヤマトは、ここ数年、人手不足に苦しんでいることや無理難題を押し付けられている「被害者」であることをメディアを通してアピールし、今後は「健全化」を目指すと公表して、配送料の値上げを実施しました。また、営業所単位で勝手に運用され、破錠していた料金体系などのルールも徹底させました。

実際、現在のヤマトは２００億円〜３００億円程度の取引量の荷主なら、取引停止も厭《いと》わない勢いです。私のクライアントにも、ヤマトとこのくらいの金額の取引のある企業がいるのですが、「配送料の値上げを了承してもらえないのなら取引はやめてもらっていい」と言われたことがあるそうですから、ヤマトの覚悟は相当なものです。

さらに、通販業界にとって一番痛手となったのが、ヤマトによる「総量規制」です。ヤマトは1ヶ月あたりに送ることができる荷物の最大量を規制したのです。小売業界では、クリスマスの影響で、普通第４四半期に物量が2倍ほど増えるものです。今まで「速く届く」ことを売りにし、クリスマスプレゼントなどの季節商材も「当日までに届く」ことが当たり前だった通販事業者にとって、この総量規制は大打撃です。しかし、ヤマトは強気の姿勢を貫いています。ヤマトの「健全化」策は、このように通販業界に大きな影響を与えているのです。

さて、それでは今後、通販事業者はどのような手段をとっていくのでしょうか。普通に考えれば、ヤマト以外の配送業者もうまく使っていこう、ということになりそうです。しかし、佐川はすっかり体制が弱りきっており、既存顧客との取引は継続するが、新規開拓はしないと言い切っています。

そこで、力を伸ばし始めたのが日本郵便です。日本郵便には資金がありますから、とにかく価格を下げて、ヤマトと佐川が取りこぼした荷主をどんどん受け入れているのです。しかし日本郵便には、個人向け宅配のサービスレベルにおいて、ヤマトと佐川に及ばない部分があります。

その顕著な例が、荷受人からの受取日時変更ができないことです。ヤマトや佐川では、荷受人が事前に会員登録をしていれば、荷物のお届け前にメールで通知が来て、都合が悪い場合には受取日時をシステムで変更することが可能です。しかし、日本郵便にはそうしたシステムがありません。日本郵便のウェブサイトを見ると、すでに差し出されたゆうパックの配達希望時間帯の変更は差出人からしか依頼できず、それも配達を担当する郵便局を探して電話連絡する必要があるようです。

日本郵便はその資金力を武器にヤマトや佐川に勝負をかけてきていますが、こうしたサービスレベルの低さが原因で、いつか成り立たなくなる日が来るかもしれません。皆そのような将来を危惧しながらも、今のところは日本郵便に頼らざるを得ないという状況が生まれているのです。

実際、通販事業者は商品の値上げも考えてはいます。配送料の値上げを受け入れたうえで、自分たちの利益をキープするためには、価格を消費者に転嫁するしかないからです。しかし、消費者の反応を考えれば、そう簡単に価格を上げることもできません。

アマゾンは、ヤマト以外の配送業者への打診も行っているようですが、現状はまだヤマトと付き合っていくしかなく、値上げを受け入れざるを得ません。価格を消費者へ転嫁することもできないため、利益率を削るしかない状況です。おそらく、来期の見込みとしては利益が下がるだろうと言われています。多くの通販事業者で予算案の提出時に、いつもより利益が低い理由としてヤマトの値上げが逃げ口上で使われるほど、皆が「ヤマトショック」を受け入れている、そんな状況なのです。

今後のアマゾンと物流の関わりは

それでは、アマゾンは次の一手をどう考えているのでしょうか。いっそのこと、アマゾンが自社でトラックを持って、自分たちで配送まですればいいのではないか。そんな声もあるかもしれません。しかし、アマゾンが1〜2年程度で、ヤマトのようにしっかりした品質とサービス力を持ち、大人数のドライバーを管理することが容易でないことは明らかです。ですから、自社で配送を行わないことは、ある意味アマゾンの戦略でもあるのです。

詳細は2章で述べますが、アマゾンは倉庫管理に非常に長けています。そこでの強みを活かしつつ、配送に関してはすでに高い品質とサービス力を持つ配送業者に任せる、というのがアマゾンの基本姿勢です。

実は現在、ヤマト、佐川、日本郵便などの大手以外にも、小さな配送業者が誕生し勢力を伸ばしつつあります。もともとアマゾンの荷役作業（トラックへの荷物の積み込みや積み下ろしをする作業）を請け負っていた小さな会社が、アマゾンの仕事を受注しているうちに従業員が増えて大きくなり、ついに上場してしまった、という例もあります。その会社は、アマゾンとの取引が大きいことで株価も上がっているそうです。

２０００年代以前の日本の起業家には、とにかくパワーと実行力が桁外れで、仕事を取りに行く勢いが凄まじい人たちが多くいました。物流業界には、こうした気質を持った人間が今でも多く、彼らの中から、トラックを集めてアマゾンとの取引を始める会社が次々に生まれてきているのです。

配送をヤマトという大手1社に任せ続けるのが難しくなってきている今、アマゾンはこうした小規模な会社と手を結ぶことで、配送を分散させることを考えています。

通販事業を行っていると、たとえば東京の目黒区や世田谷区など、経済的に豊かで、ある一定の価格の商品を一定の頻度で購入してくれる、など諸々の条件を満たすエリアというのが見えてきます。こうした都市部の一定のエリアに絞れば、サービスレベルを上げることは比較的やりやすいでしょう。

実際、すでに都内で3社の配送業者が、アマゾンのPrime Nowのサービスなどで、都市部に限定して配送を行っています。今後は、こうした流れが地方都市にも広がっていくのではないかと思われます。

みなさんはＵＢＥＲという配車サービスをご存知でしょうか。ＵＢＥＲとは、スマートフォン1つで手軽に車を呼べる配車サービスで、欧米のタクシー業界に大きな衝撃を与えました。ＵＢＥＲは、タクシーの配車だけでなく、一般人が空いている時間に自家用車で送迎を行うことを可能にしたというのが特徴です。

アマゾンもこれに似たプログラムを始めています。それが、２０１５年にアメリカで試験運用を開始したAmazon Flexで、個人のドライバーがアプリを通じて事前登録し、アマゾンのお急ぎ便の商品を配送するというものです。配送業者だけに頼るのではなく、個人を活用することで、コスト削減とリスク分散を狙っているのでしょう。

現在のところは、個人ドライバーが事前に配送できる時間帯を登録して、シフトを決める形になっているようですが、いずれはアマゾンがテクノロジーを提供し、小さな配送業者や、はたまた一般人の車にもシステムを取り付けることで、誰もが空いている時間に柔軟にアマゾンの配送業務を行うことができるようになるかもしれません。そうなれば、東京など一部のエリアだけでなく、地方都市のサービスレベルを上げていくことも可能なのではないでしょうか。

さて、アマゾンが日本の通販業界や物流業界に与えた影響を概観したところで、いよいよ次の2章では、アマゾンの強さの秘密である物流戦略について、詳細に見ていきたいと思います。

第2章

アマゾンの物流戦略

1章で、アマゾンが日本の物流に激変をもたらしている現状をお伝えしましたが、なぜそれほどまでにアマゾンは影響力を持っているのでしょうか。とにかく小口配送のボリュームが大きいということもありますが、それだけではありません。

アマゾンはそのビジネスにおいて、物流を非常に重要なものと捉え、戦略的に物流をコントロールしています。そのため、配送業者への影響が非常に大きくなっているのです。

実は、アマゾンの物流戦略は他の会社とは大きく違います。「物流戦略」と言っても様々な要素がありますが、アマゾンが特に優れているのは、「購買管理」「注文管理」「在庫管理」「倉庫運営」の4つです。それらと、1章で紹介したような配送業者のコントロールによって、アマゾンならではのスピーディーで確実な物流オペレーションが成り立っているのです。

これらの4つの点について、それぞれどこが優れているのかを見ていく前に、このような物流戦略の根底にあるアマゾンの理念と、その物流の特徴を紹介したいと思います。

唯一の顧客との接点を大切にする

はじめに、なぜアマゾンがそこまで物流にこだわるのか、という点を考えてみましょう。1章でもお伝えしましたが、アマゾンの企業理念は「地球上で最も豊富な品揃え」「地球上で最もお客様を大切にできる企業であること」の2つです。このうち「地球上で最もお客様を大切にできる企業であること」を追求するための手段が、物流へのこだわりなのです。

アマゾンはなぜ物流にこだわるのか

一般的な小売業、たとえば百貨店や服飾店などでは、リアルな店舗が顧客との接点になります。そして、そうした店舗での接客の質により、顧客満足度は大きく左右されます。同じ商品がいろいろなお店で買えるとしたら、丁寧で気の利く接客をされたお店で、気持ち良く買いたいと思うものでしょう。そして、そうしたお店にはまた行きたいと思うのが普通です。こうして、接客の質が良ければ顧客満足度が上がり、売上につながります。

それに対して、アマゾンのようなネット通販事業者の場合、顧客との接点は、ウェブサイトと、商品が顧客の手元に届けられるところの2点です。物理的に人と人とが触れ合う接点としては、商品が顧客に配達され、手渡されるところのみになります。

では、そのようなネット通販事業者が、リアルの店舗における接客というサービス手段が取れない状況で、リアルの店舗に匹敵するサービスを提供するにはどうしたらいいのでしょうか。アマゾンにとって、その答えは、唯一の顧客との物理的な接点である「顧客の手元へ商品を届ける」ところのサービスレベルを最大限まで上げる、ということでした。これにより、顧客満足度を上げ、次の購入につなげることができます。ですから、一般の小売業が店舗での接客の質を気にするように、アマゾンは商品の引き渡しにおけるサービスの質を気にするのです。

この商品の引き渡しというタイミングで顧客満足度に大きく影響するのは、主に「配送スピード」と「品質」です。期待した時間に、あるいは期待以上に速く商品が届くこと。そして、注文したものが間違いなく、傷のない状態で届くこと。この2点が満たされることで顧客満足度は上がります。また次もアマゾンで注文しよう、と思ってもらえる理由になります。だからアマゾンは、この「配送スピード」と「品質」に徹底的にこだわって、サービスレベルを上げてきました。この２つのサービスレベルを上げるために、アマゾンは独自の物流戦略を持つようになったのです。

アマゾンが登場する前の通販の世界は、そのような世界ではありませんでした。配送スピードや品質に焦点をあてるよりも前に、そもそもどういう商品を扱うかというところで勝負が行われていたのです。

特に、ラジオ、テレビ、カタログなどを通じた通販においては、扱える商品数に限りがありました。テレビＣＭを打ったり、カタログ発行部数を増やすことで売上が上がる仕組みだったので、営業主体、マーケティング主体でビジネスが進められていました。

テレビの通販番組で、「今ならもうひとつおまけが付いて、この価格！」といった宣伝をしているのを観たことがあるのではないでしょうか。商品数を大きく増やすことができない分、そうしたところで勝負をするのが、テレビなどの通販の世界でした。

しかし、ネット通販では、広告の枠やカタログのページ数のような制限がありません。そのため、ネット通販では扱う商品数が格段に増え、商品の内容や売り方での差別化よりも、それ以外の部分に焦点をあてた競争が始まりました。品揃えやウェブサイト上での注文のしやすさ、配送のスピードなどです。

そして、アマゾンの登場により、それらのサービスレベルが一気に引き上げられました。ネット通販を利用する顧客は、徐々にアマゾンにより提供される高いサービスに慣れていき、サービスへの期待値が上がっていきました。他のネット通販事業者は、どうにかアマゾンのサービスレベルに追いつこうと必死になっている、そんな構図が今の通販業界の状況です。

物流戦略を効果的に働かせるアマゾンの組織体系

アマゾンジャパンの組織体系は以下のようになっています。取扱商品の購買・販売をする「リテール部門」、確実かつ速いデリバリーを支え、顧客満足度の向上を実現させる「オペレーション部門」、アマゾンのサイト上で事業を展開する企業を開拓・支援する「セラー（出店者）サービス」などの部門があります。この組織体系にアマゾンの特徴が表れています。

一般的な会社の物流部門にあたるものは、アマゾンではオペレーション部門の中にあり、サプライチェーンとフルフィルメントセンターのチームが物流を支えています。これに対して、商品の購買や販売を担うのがリテール部門です。

図３　アマゾンジャパンの組織体系

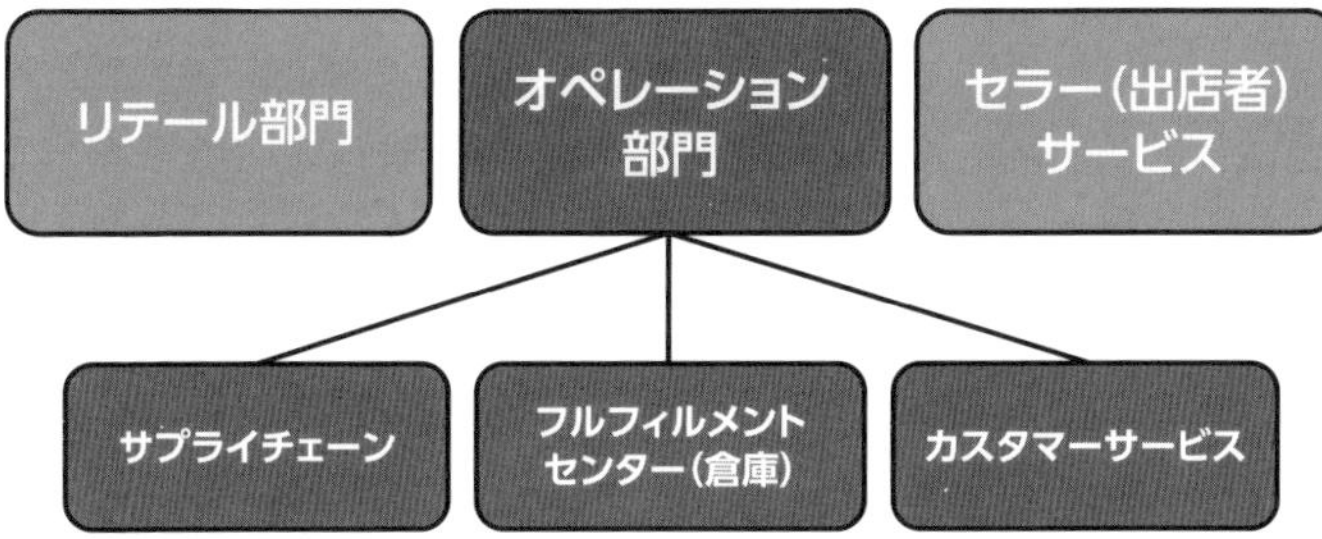

一般的には、オペレーション部門のようなコストセンターはリテール部門のようなプロフィットセンターと比較して、社内での立場が弱いものですが、アマゾンにおいてはオペレーション部門とリテール部門の立場は対等です。どちらがより重要ということはありません。

普通の小売企業では、物流は滞りなく動いていればいい、というような扱いで、メインのビジネスを動かしているのは営業や販売、マーケティングなどの部門だと考えます。組織体系上も、物流部門は単独で端のほうに置かれているのが一般的です。しかしアマゾンにおいては、物流は顧客満足度に直接関わり、ビジネスの成否を左右する重要な存在として、中心的な部門の1つであるオペレーション部門の中に位置づけられているのです。

アマゾンという会社が、物流をどれだけ重要視しているかが、この組織体系からもおわかりいただけるかと思います。

もちろんアマゾンは、ウェブサイトという、もう1つの顧客との接点にもこだわっています。ウェブサイト上で、商品の品揃えが豊富であることはもちろん、在庫があること、注文が簡単にできること、新品だけでなく中古品も一緒に検討できること、ランキングやレビューが見られること、他の購入者によく買われているものがわかることなど、顧客満足度を上げるために行っている施策が多々あります。

それらに加えて、注文したものが速く届くこと、正確に傷のない商品が届くことは、顧客満足度を確実なものにするために必須のサービスだと、アマゾンは考えているのです。

アマゾンの商品はどのくらい速く届くのか

アマゾン以前の通販では、注文してから商品が届くまでに数日かかるのが当たり前でした。前章でも紹介しましたが、「通販で注文したものはいつ届くかわからない。だから注文した時だけでなく、商品が手元に届いた時にも、驚きと喜びが味わえる。そうやって２度楽しめるのが通販の良さだったのだ」と話す、テレビ通販の大手代理店の社長もいたほどです。それくらい、届くまでに何日もかかるのが当然で、消費者もそれに慣れていました。

アマゾンはそれを、「何日以内にお届け」と約束するようになりました。それだけでなく、そのお届けまでの日数をどんどん短くしていったのです。当日配送が可能になった時にも驚いた消費者は多かったと思いますが、今ではプライム会員用に、地域限定ですが1時間以内に配送されるサービスまであります。

その1時間で注文を確認し、在庫の中から目当ての商品を取り出し、検品し、梱包して、配送ラベルを貼り、トラックに積み込み、顧客のもとへ運んでくるのです。オペレーションを最大限効率化しているからこそ、実現できる速さです。これほどの速さを実現できる企業は他にあるでしょうか。

「当日配送」や「1時間配送」を約束している以上、それを超えてしまうことは信用低下、顧客満足度の低下につながります。よほどの自信がなければ、このようなサービスは提供できないでしょう。

アマゾンがなぜこのような配送スピードを実現できるのか。それは、さほど単純な理由ではありません。前述のように、アマゾンならではの物流戦略の全てによって実現されているものです。ここからは、こうしたアマゾンの物流戦略にフォーカスして、他の会社と何が違うのかを、詳細に見ていきたいと思います。

上流から下流までつながっていることが命

販売と物流が一体

まず、アマゾンの特徴として、販売と物流が一体となっている、という点があげられます。「販売」とは、商品を顧客に販売する機能、「物流」とは、注文された商品を顧客に届ける機能、と考えてください。

小売業においては、販売は販売、物流は物流とはっきり分かれていて、次のいずれかのパターンになっていることが多いのです。

(1) 販売と物流が別会社（物流は外注）

このケースでは、販売と物流は別会社のため、情報共有がスムーズにいかなかったり、タイムラグがあったりします。そのため、配送スピードが遅れてしまったり、品質の管理が徹底できないといった問題が生まれます。

(2) 販売と物流は同じ社内にあるが、物流はコストセンターと捉えられている

このケースでは、情報共有などは(1)よりもスムーズですが、コストセンターとして捉えられている物流部門では、人材が薄く、十分な設備投資やシステム投資もなされません。人材、設備投資、システム投資のいずれも、コストになるからです。こうした会社では、営業主導でビジネスが回り、物流に焦点が当たることはほぼありません。つまり、ビジネスに物流部門の声が活かされないということになります。

前述のように、「コストセンター」とは、収益をあげず、コストがかかるだけの部門です。コストセンターとして捉えられている部門では、いかにコストを減らすかが命題になります。それが、会社の利益を増やすことにつながるからです。

アマゾンでは、このような2つのケースと違い、販売と物流が社内で一体になっています。そのため、情報連携がスムーズであると共に、物流の改善活動が、販売も巻き込んで、一体として行われます。アマゾンにおいて、物流を改善することは、すなわち、販売を改善することであり、直接、顧客満足度や将来の売上に響いてくることなのです。

図４　販売と物流の関係

(1)販売と物流が別会社(物流は外注)

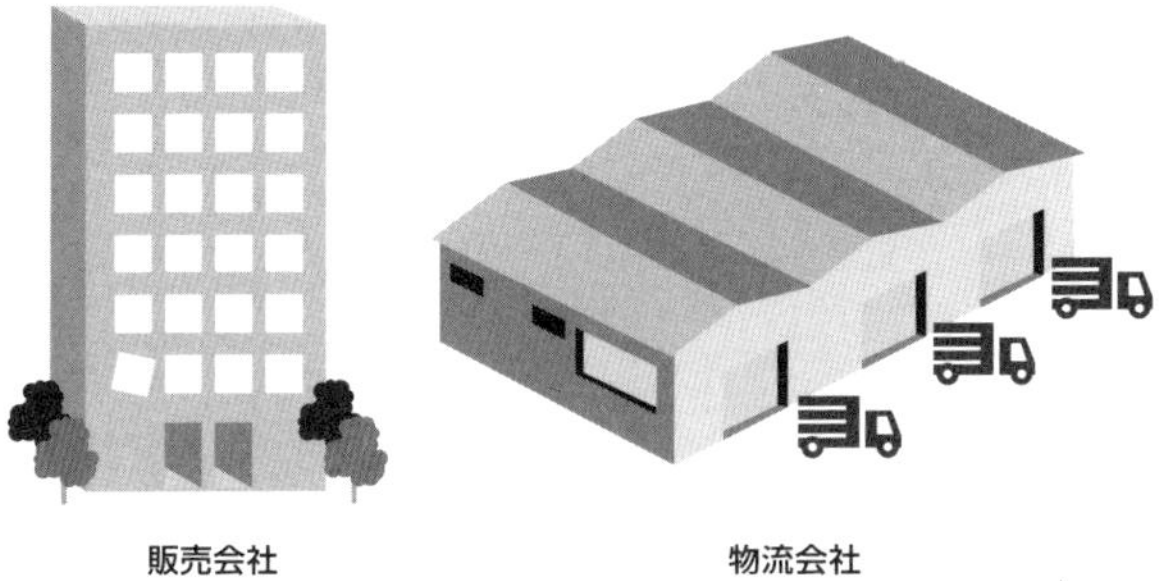

(2)販売と物流は同じ社内にあるが、物流はコストセンター

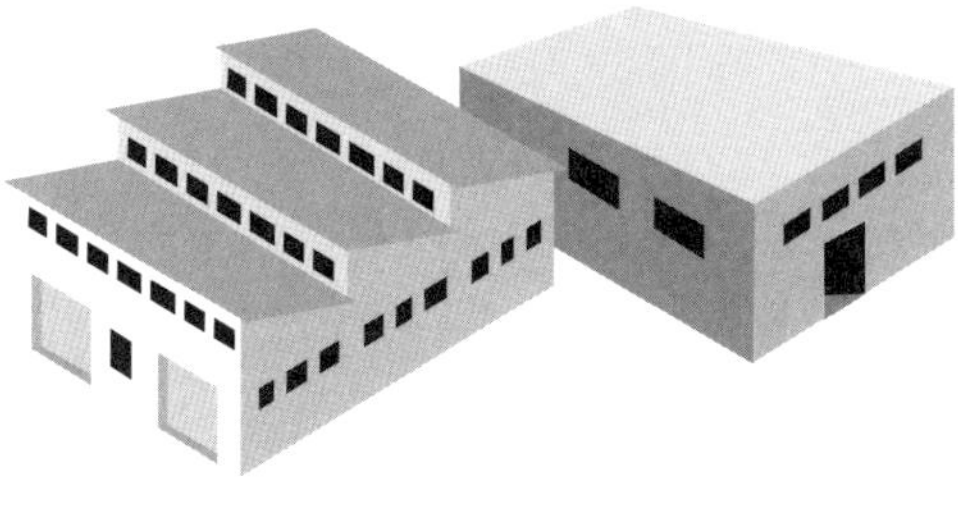

具体的な仕組みとしては、S&OP（Sales and Operations Planning）と呼ばれる販売側とオペレーション側の調整のプロセスが、アマゾンには導入されています。S&OPは、もともとは製造業などで販売計画と製造・調達などのオペレーションをすり合わせるプロセスのことでした。アマゾンはこのS&OPを2002年頃に導入し、毎週、社長まで含めた各部トップが集まり、協議を行うようになりました。

たとえば、S&OPの会議で、販売側が「来週は商品Aを100万円分販売する見込みだ」と説明したとします。それに対して、オペレーション側が納得できれば、オペレーション側は、その販売に見合う出荷数をまかなえるだけの人員を用意します。たとえば倉庫で働く人のシフトをおさえたり、今いる人員で足りなければ採用したりします。

しかし、販売側が見込みを達成できないことがあると、オペレーション側は、その次の見込みに対して指摘を入れます。本当にその数は達成できるのか、ということです。オペレーション側は、販売側の言いなりではなく、厳しく追及をします。もし、人員を用意したにもかかわらず、予定した販売数を達成できなければ、生産性が落ちてしまうからです。

反対に、予定した販売数を達成できたにもかかわらず、オペレーション側の生産性が低かったり、予定した人員を集められなかったりして、出荷数が追いつかなかった場合には、販売側からオペレーション側に厳しい追及が行われます。通常、売上の計上は出荷ベースで行いますので、販売できても出荷できなければ売上計上できないのです。そうなると、予算を達成できない、ということになります。こうした厳しい追及をお互いにし合うことで、予測やオペレーションの精度を上げていくのです。

この予測は半年程度先まで見ていますので、たとえば数ヶ月後に何かのキャンペーンなどで特定の商品の販売数が大きく増加する見込み、という場合には、前もって数ヶ月間は仕入れを多めにするなどの対応もできます。そのようにして、急激な繁閑が起きにくくなるようにオペレーションをコントロールしているのです。

責任のあるメンバーが集まり、トップダウンでこうした予実管理をしているので、いい加減にならずに、最終的に年間の目標にぴたりと合うようになっています。また、そこですり合わせた数値をベースに、各オペレーションに落とすということをしているため、無駄のない動きができるのです。このS&OPのプロセスによって、アマゾンは販売・物流をここまで綿密に連携して機能させることができています。

物流への大きな投資

アマゾンでは物流が社内で非常に重要視されています。これは物流への投資額に表れています。

2016年12月期のアマゾンのアニュアルレポートで連結決算を見てみると、費用の中でCost of Sales（原価）の次に大きいのがFulfillment（物流関連）です。売上高が1359億87百万ドル（15兆9431億円）に対して、Fulfillmentの額は約176億ドル（2兆656億円）です（2016年12月28日時点為替レート　1ドル＝117．24円で計算）。

アマゾンの 2016 年 12 月期業績

(million dollars)

	2016	売上高対比
Net Sales（売上高）	135,987	100.0%
Cost of sales（原価）	88,265	64.9%
Fulfillment（物流）	17,619	13.0%
Technology and content（テクノロジー＆コンテンツ）	16,085	11.8%
Marketing（マーケティング）	7,233	5.3%
General and administrative（一般管理費）	2,432	1.8%
Other operating expense, net（その他の営業費用）	167	0.1%
Operating income（営業利益）	4,186	3.1%
Net Income（純利益）	2,371	1.7%

（アマゾンのアニュアルレポートをもとに著者作成）

原価というのは、アマゾンが販売している商品の仕入れにかかっている金額ですので、大きいのは当然です。しかし、その次に大きい費用がFulfillment（物流関連）というのは、かなり特殊です。ちなみに、物流関連の次に大きい費用がTechnology and content（テクノロジー&コンテンツ）、続いてMarketing（マーケティング）という順番です。

Fulfillmentに含まれるのは、主にフルフィルメントセンターの運営（商品の梱包、発送など）にかかるコストです。日本では、15のフルフィルメントセンター、５つのPrime Now用フルフィルメントセンターが稼働しています（２０１７年11月時点）。

一般的に、物流にはどのくらい投資するものなのでしょう。公益社団法人日本ロジスティクスシステム協会の「２０１６年度物流コスト調査報告書」によると、日本の小売業の売上高に対する物流コストの比率の平均は、４．８５％です。

また、オフィス用品を中心とした通販を行っているアスクルの有価証券報告書（２０１７年５月期）を見ると、売上高３３５９億14百万円に対して、配送運賃は１９４億65百万円。売上高に対する配送費の比率は５．７９％となっています。

これに対して、アマゾンの２０１６年12月期の売上高に対する物流コストの比率は、13％にもなります。グローバルでの投資額ではありますが、金額で見ても２兆円が物流関連に投資されているのは驚きです。

アマゾンのビジネスにおいて、物流がどれだけ重要視されているかが、この投資額の大きさからもおわかりいただけるでしょう。

製造業並のサプライチェーン管理

さらに、アマゾン社内で販売と物流が一体となっているだけでなく、上流のサプライヤーから、顧客の手元に商品を届ける下流の配送業者まで、アマゾンを中心として全てがシステムで連携しています。こうした上流から下流までの流れを「サプライチェーン」と呼びますが、通常サプライチェーンを強く意識しているのは製造業の企業です。サプライチェーンの中でうまく情報を連携し、スムーズに物を移動させていくことが、製造の効率化につながるのです。アマゾンでは、この製造業に近い考え方で、上流から下流までのサプライチェーンを捉え、システム連携しています。

アマゾン社内には、顧客からの注文を管理する注文管理システム、物流を管理する物流管理システム、サプライヤーからの購買（調達）を管理する購買管理システム、配送業者の配送を管理する配送管理システムなどがあります。それらがアマゾン社内で全て連携しているだけでなく、サプライヤーや配送業者ともシステムで情報連携しているのです。

私がアマゾンジャパンでサプライチェーンのマネージャをしていた当時も、物流管理や倉庫管理と共に、大きな仕事になっていたのが、ＥＤＩ（Electronic Data Interchange 電子データ交換）と呼ばれる、他の会社とのシステム連携の構築でした。

ＥＤＩを導入すると、受注、発注、出荷、請求、支払といった取引データを、異なる企業間で電子的にやり取りすることができます。実は、他の会社とのこうしたシステム連携を地道に行っているからこそ、アマゾンではスムーズで迅速な配送が可能になるのです。

このサプライチェーンの中で、１つでも情報連携が途切れていたり、リアルタイムで連携できない箇所があれば、瞬時に情報が伝わらなくなり無駄が発生します。他の通販事業者がアマゾンのサービスレベルを真似できないのは、ここに多少なりとも無駄が発生しているからだと考えられます。

社内の情報連携はシステム化されていたとしても、他の会社とは電話やＦＡＸで連絡をとっているところも多いと思います。そうなると、その部分でタイムラグが発生し、どうしても余分に時間がかかってしまいます。

図５　アマゾンを中心としたサプライチェーンのシステム連携

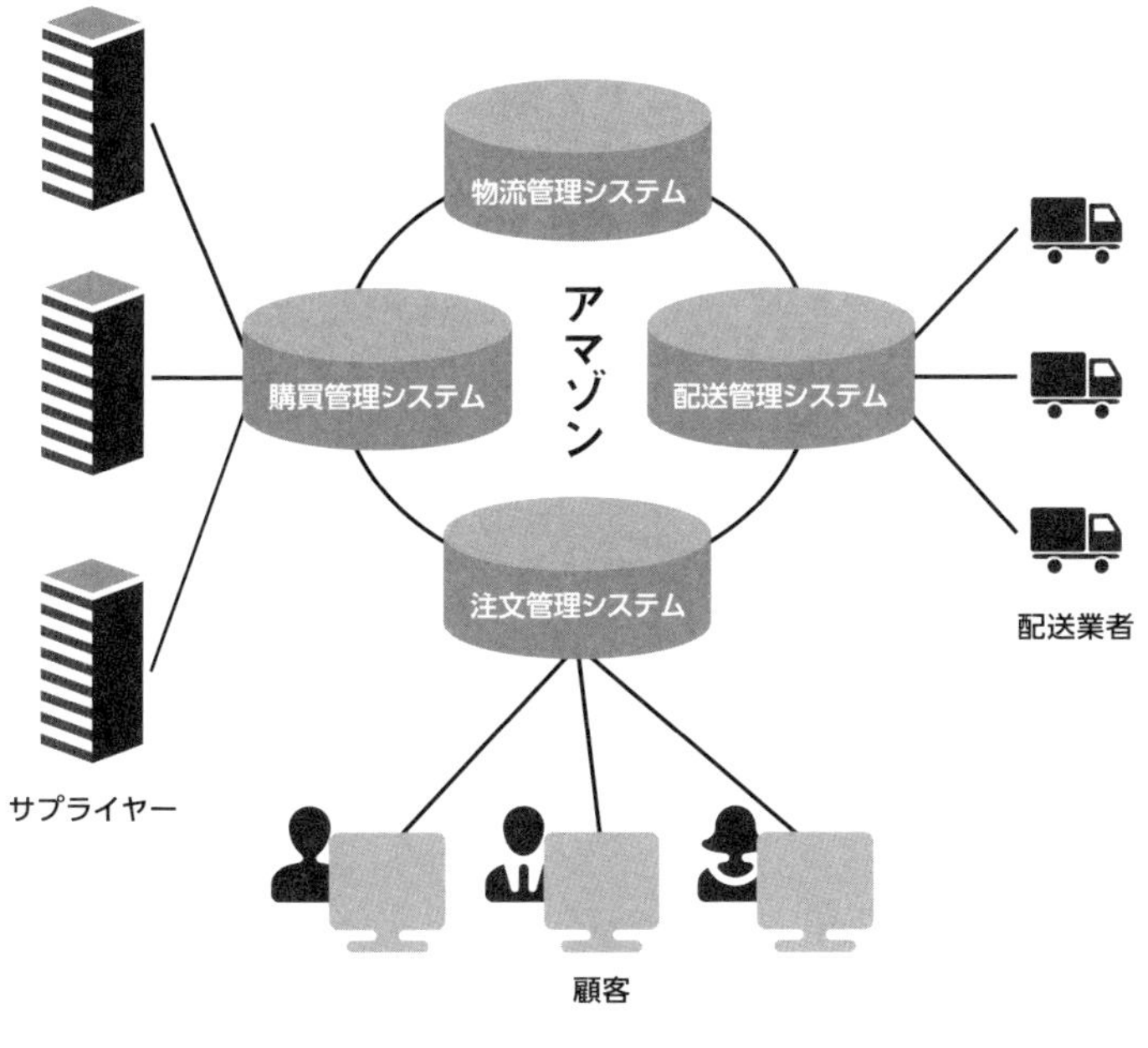

限界までスピードを上げようと思ったら、物の流れが関わるところは、社内だけでなく他社も含めて全てシステム化していく必要があります。他社とシステム連携するには、様々な調整が必要であり、もちろん大変ではありますが、それをしない限りサプライチェーン全体での効率化はできません。アマゾンはそこを徹底的に管理できているから、迅速な配送が実現できるのです。

自前でシステム開発を行う強み

では、アマゾンではなぜ、このように上流から下流までをつなげて効率的にシステムで情報連携することが可能なのでしょうか。それは、自前でシステム開発ができるということが1つの大きな理由です。

購買管理システム、注文管理システムなどの主要な業務システムについては、いくつかのＩＴベンダーがＥＲＰ（Enterprise Resource Planning　基幹系情報システム）と呼ばれるパッケージソフトを販売しています。よく使われる機能を標準装備していて、多少のカスタマイズもできるようになっているものです。こうしたＥＲＰを利用する以外に、自社の要求仕様に合わせて、システム会社にゼロからシステムを開発してもらうという方法もあります。

しかし、ＥＲＰを入れたり、外のシステム会社に開発を依頼したりしていたら、到底アマゾンの思うようなシステムにならない可能性が高くなります。また、システムを改善したい時や、サービスに変更があった時に、システム改修に時間がかかってしまいます。

一般の会社では、新しいシステムを作った時には、数年間それを使ってからモデルチェンジするケースが多いのですが、アマゾンのようなネット通販事業者で、サービスをどんどん進化させていっている会社にとっては、そのサイクルでは遅過ぎます。どんどん進化するサービスに合わせてシステムも変えていくためには、自前でシステムを構築、改修できることが必須なのです。

実はアマゾンでは、技術者の地位がとても高くなっています。普通のＭＢＡ出身者よりも、技術者の給与のほうが高いくらいです。物流人材の話と同様に、やはりシステムをそれだけ重要なものと考えているから、システムを開発できる人材に投資するのです。

製造業並の納期遵守意識

ほかにも、アマゾンの物流において特徴的なのが、「納期」の捉え方です。これが、顧客のもとに速く届く理由の1つになっています。

一般的な通販事業者は、お届け日を「目安」と考えています。しかしアマゾンでは、お届け日を顧客に約束した「納期」と捉えています。

製造業においては、ATP（Available To Promise　納期回答）という言葉がありますが、これは厳格なものです。この納期を破ってしまうと顧客の信頼を失うことにつながります。ですので、納期をしっかり守ること、つまり「納期遵守」が製造業においては重要な意味を持ちます。

アマゾンにおいては、お届け日の捉え方が、この製造業の「納期」に近いものなのです。したがって、決められた納期（お届け日）を守るために、あらゆる作業者が、この納期から逆算して割り出された期限内に各作業を完了するように徹底されています。

前述のように、アマゾンでは製造業並のサプライチェーン管理を行っており、上流のサプライヤーから下流の配送業者まで、アマゾンを中心にシステム連携しています。そして、「納期」の共有も、これらのシステム上で共通して行われます。その納期までに顧客の手元に届けるには、何日の何時までに作業を行えばいいのかが、どのレイヤーでもわかるようになっているのです。

一般の通販事業者では、それぞれに必要な最低限の情報しか連携しません。倉庫は商品情報とお客様情報だけを渡されます。購買部門は、購買する商品と個数だけを渡されます。それがどのくらいの緊急度なのか、何日の何時までに作業を行えばいいのか、倉庫の担当者や購買の担当者はわかりません。ましてや、他の会社であるサプライヤーや配送業者とは、もっと情報連携が難しくなります。そうすると、やはり顧客の手元に届く日時は確実には約束できない、ということになってしまいます。

アマゾンは、この「納期」を自社で意識するだけでなく、サプライヤーや配送業者も含めた関係者全てに意識させることで、お届け日をコントロールしているのです。

断じてサービスレベルは落とさないのがアマゾン流

アマゾンが物流のサービスレベルにこだわっている一例として、私がアマゾンジャパンに在籍していた頃のエピソードを紹介したいと思います。

私がアマゾンジャパンのサプライチェーンチームのマネージャになって間もなくのことでした。私はアマゾンが千葉県市川市塩浜に借りていた倉庫に、毎週のように打ち合わせに行っていました。2階建ての倉庫でしたが、最初は1階だけで保管スペースが足りていて2階はがら空きでした。しかし、その棚がどんどん足りなくなっていったのです。

当時は、本、CD、DVDのみを扱っていましたが、商品数が急激に増えていき、保管スペースがみるみる埋まっていきました。そこで、600メートルくらい離れた場所に新しくもっと大きな倉庫を建てて、引っ越そうということになりました。

引っ越しといっても、何万という商品を短時間で移動させなければなりません。しかも、アマゾンでは、その引っ越しのために配送を遅らせることは考えないのです。

倉庫の引っ越しのような特別な状況なら、度々あることではないので、「事情により何日の注文分は配送が遅れます」と言って顧客の了解をもらえばいいではないか、と思う人もいるかと思います。一般的にはそうする会社が多いのではないでしょうか。

しかし、アマゾンはこのようなケースでも、顧客への配送スピードに関して、サービスレベルを落としません。なんと、この引っ越しを遂行するためのプロジェクトマネージャを新たに雇うことになりました。注文に対して普段通りの高いサービスレベルで対応しながら、何万という商品を新しい倉庫に移動させていく。それはたしかに一大プロジェクトでした。

もちろん、そのようなプロジェクトの経験者はなかなかいません。私はその当時、様々な人材の採用面接を行っていたのですが、このプロジェクトマネージャの採用も担当することになりました。何人も面接して、ようやく「これは！」という人材が現れました。引っ越しプロジェクトの経験者というわけではありませんでしたが、非常にロジカルで、アマゾンのカルチャーにもなじみそうな人でした。

そして、彼は見事に引っ越しプロジェクトを成功に導いたのです。

倉庫の引っ越しという事情があっても、配送のサービスレベルは落とさない。そして、引っ越しのためだけに1人の人材を雇う。

アマゾンはやはり、他の会社とはどこか違う考えと、こだわりを持っている会社だと思います。

アマゾンの購買管理

アマゾンの顧客至上主義や物流へのこだわりを見てきたところで、ここからは、アマゾンがその物流戦略において特に優れている４つの点、購買管理、注文管理、在庫管理、倉庫運営について、１つずつ紹介していきましょう。

まずは購買管理からです。

基本的なところから考えてみたいと思いますが、アマゾンの行っているネット通販事業において、顧客の手元に商品を速く届けるには何が必要でしょうか。

メーカーのように自社で製造している商品を販売するのではなく、他社の商品を販売するので、まず他社から商品を仕入れる必要があります。これを購買や調達と呼びます。効率的に購買を行わないと、商品が品切れを起こしてしまったり、在庫が余ったりしてしまいますから、購買の管理を行う必要が出てくるのです。

もし、商品の数が限られていて、仕入先の数も注文数もそれほど多くなければ、在庫の残数を数えたり、注文状況のデータを見たりして、不足しそうな商品は仕入先に発注を出すという形でマニュアルオペレーションができるでしょう。

しかし、アマゾンのように、膨大な商品点数を扱っている場合にはどうでしょうか。書籍だけでも数百万点あるのです。販売している本のうち、どの本が、いつどこの誰に注文されるかわかりません。

それなら、常に全ての本の在庫を持っておけばいいのでしょうか。しかし、1冊ずつでは足りないかもしれません。注目の新刊なら、1日に数百人から注文があるかもしれませんし、反対にあまり知られていない本は1年に1回しか注文が来ないかもしれません。

しかも、仕入先は1つではありません。1章で見たように、同じ書籍でも、取次と呼ばれる卸しの会社が複数あります。本によっては、アマゾンが出版社から直接購入できるケースもあります。そうなると、それぞれの本について、どこから仕入れられるのか、どこから仕入れるのが最適か、ということも考えなくてはいけません。

1冊1冊、注文状況や在庫の残りを見て、購買を行うタイミングや、どこに何冊発注するかを決めることは現実的ではありません。人気の本が品切れを起こしたり、反対に仕入れた本が何年も売れずに残ってしまう、という事態が起きてしまうでしょう。

書籍の例を見てみましたが、アマゾンは書籍のほかにも、家電、服、ジュエリー、食品、日用品、玩具、アウトドア用品など、あらゆる商品を販売しているのです。このようなビジネスにおいて、アマゾンはどのように購買管理を行っているのでしょうか。

アマゾン独自の需要予測システム

アマゾンは購買管理のベースとして、どのような商品が、どの地域で、どれくらい注文されそうかをシステムにより予測しています。こうした予測を「需要予測」と呼びます。この需要予測は、基本的には過去の販売実績のデータをもとに行います。

いつも一定の注文があるわけではなく、季節、時期によって変動がある商品もあります。たとえば、アマゾンでは鏡餅や門松といった商品も買うことができますが、これらは一年中需要があるものではありません。お正月に備えて、年末頃に需要が大きくなるものです。こうした季節性も加味して需要予測は行われます。商品数が少なければ、人が実績データを見て需要予測を行うこともできますが、アマゾンのように取扱商品が膨大な場合には、システムで需要予測を行うことが効率的です。

この需要予測のシステムを、アマゾンは自社で作っています。ＳＡＰやオラクルといった会社の汎用ＥＲＰシステムの一部は高度な需要予測の仕組みを持っていますが、アマゾンは自社のビジネスに最適化した、より複雑で精度の高いシステムを自社で研究開発しているのです。

この需要予測をもとに、商品を仕入先に発注して調達します。そして、顧客のできるだけ近くに商品の在庫を保管しておきます。そうすれば、注文があった時に配達する距離が短くなり、速く届けられるからです。

アマゾンの注文管理

次に、ウェブサイトで受け付けた注文情報をアマゾンがいかに効率的に倉庫へ連携し、出荷のタイミングを早める努力をしているかを見ていきましょう。

フルフィルメントパスの最適化

アマゾンでは、一部大手製造業と同様に、顧客からの注文が入った場合、その注文を納品（フルフィル）するために考えられ得る全ての納品経路（仕入先↓倉庫↓顧客）を算出し、お届け日（納期）とコストを考慮したうえで、最適な納品経路（フルフィルメントパス）を決定するシステムを実装しています。

アマゾンのように多くの仕入先や自社倉庫を有する場合では、１つの商品であっても複数の納品経路が存在します。

たとえば、１冊の書籍の注文を例にとってみましょう。関西のお客様がある本を１月１日の夕方にサイトで注文したとします。この場合、アマゾンからお客様へ注文された本をお届けするにはいくつかの納品経路が考えられます。

納品経路1：関東の倉庫Aにある在庫から出荷（お客様への納期は1月3日の午前）
納品経路2：関西の倉庫Bにある在庫から出荷（お客様への納期は1月2日の午後）
納品経路3：関西の倉庫Cにある在庫から出荷（お客様への納期は1月2日の午前）

当然ですが、購入時に最も納期の短い納品経路3がシステムにより選択され、配送時期がお客様へ注文画面で明示されます。経路1は関東の倉庫から関西への出荷なので時間がよりかかることは明確だと思いますが、なぜ経路2は2日の午後で、経路3は2日の午前と計算されたのでしょうか。

実はこのシステムでは、納品経路（フルフィルメントパス）の計算にあたって、各倉庫の営業時間や処理能力、コストといった固有情報を保持することによって、詳細な納期を割り出し、最適な納品経路を決定しているのです。この例において関西倉庫Bは日中のみの稼働だったのに対して、関西倉庫Cは24時間稼働を前提としており、夕方に受けた注文を夜中に処理できるためお届けが早くなったのです。

図６　最適なフルフィルメントパスを選択する仕組み

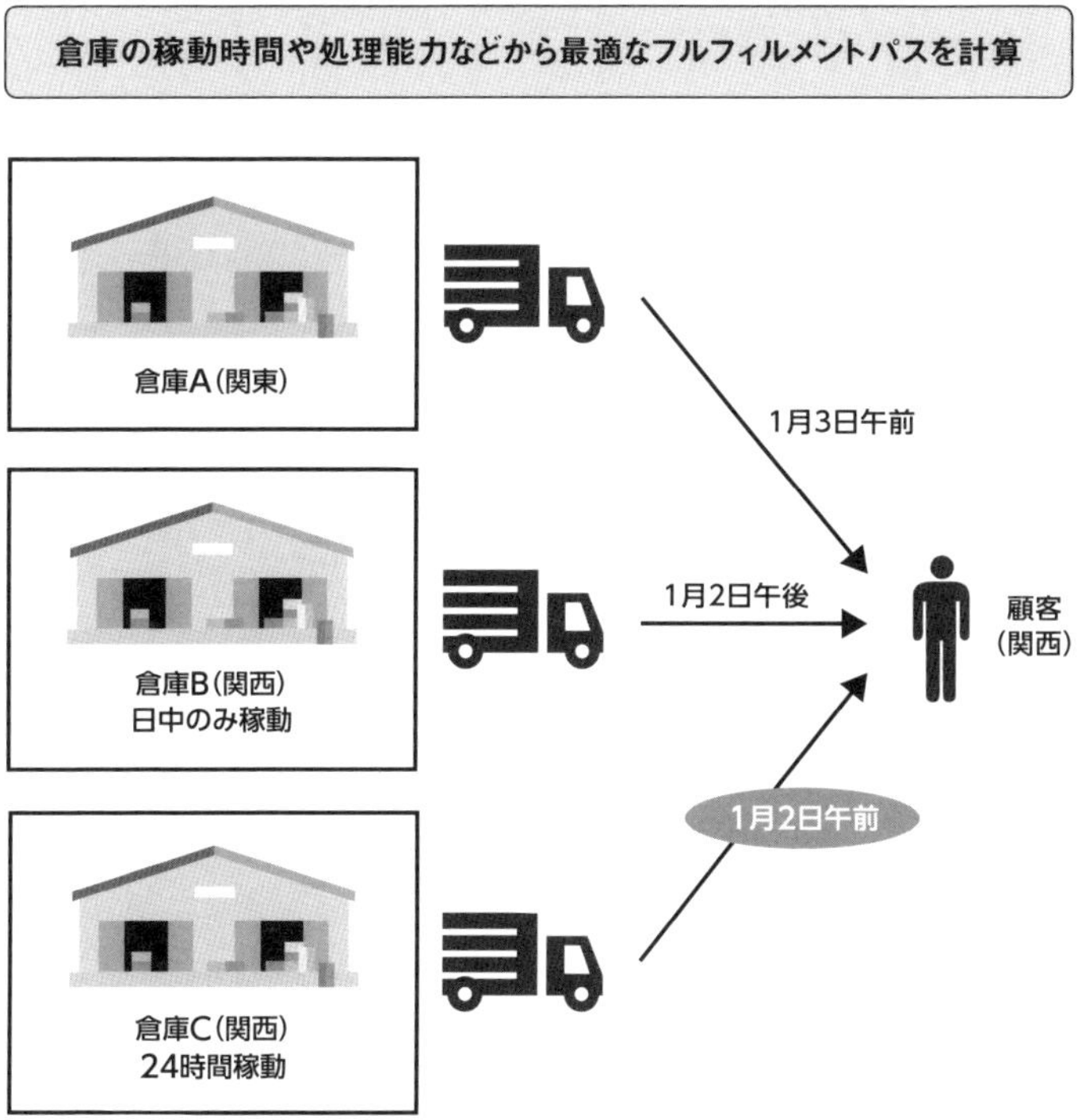

これはあくまで一例であり、実際には在庫がなかった場合の仕入先の選択やリードタイム、それぞれにかかる商品コストや作業コスト、配送コストといった様々な要素が最適な納品経路を決定するうえで考慮されているのです。

巨大なサプライチェーンシステムの一部によって、こうしたリードタイムと、かかるコストをもとに綿密な計算が行われます。そして、前述の精度の高い需要予測による適切な在庫発注と共に、お客様への最適な納品を実現しています。

一般的な流通小売企業における通販は、ある程度の大手企業であっても、まずこのような大掛かりなシステム化をしていません。また、人間の経験と手作業による「これくらい売れるのではないか」「これくらい売れたらいいな」というレベルでの需要予測がいまだに行われています。どこから買うべきか、どの倉庫に置くべきか、という購買活動も、過去データは利用するものの、科学的に確立されていない属人的な意思決定により行われています。

アマゾンは、これらを徹底的に数値化して、システム化しているので、数千ある仕入先の中から適切な仕入先を選び、何百万という商品を日本国内15ヶ所のフルフィルメントセンターで管理し、何万という顧客へ迅速に配送することができるのです。

アマゾンの在庫管理

在庫管理の重要性

物流とは「物の流れ」ですので、物流戦略というと、速く運ぶことや、高い品質を維持しながら保管すること、ミスなく出荷することなどが思い浮かぶかもしれません。しかし、それだけでなく、適切な数の在庫を持つことも、物流戦略において非常に大きな意味を持ちます。

特にアマゾンでは、「地球上で最も豊富な品揃え」、そして「地球上で最もお客様を大切にできる企業であること」の2つを企業理念としていますから、ウェブサイト上に掲載している商品の数が多いだけでなく、それらが在庫切れを起こさず、顧客が欲しいタイミングで購入でき、しかもできるだけ速く顧客の手元に届くことを重視しています。

このアマゾンの目指すところを実現するためにはどうすればいいでしょうか。在庫切れを起こさないためには、どのくらい在庫を持っておけばいいのでしょうか。

それは、その商品がどのくらい購入されるのかによって違います。1年に1回しか購入されない商品であれば在庫は少なくて済みますが、1日に何個も購入される商品なら、在庫を多めに持っておく必要があります。それぞれの商品の売れるペースによって、持っておくべき在庫の数は異なるのです。

しかも、商品の売れるペースというのは常に一定とは限りませんので、その都度売れ行きを見ながら、在庫数も調整していく必要があります。商品点数が100や200ならそれほど大変な作業ではありませんが、アマゾンのように無数の商品を持っている場合、それぞれの商品について日々の売れ行きを見て、個々に適切な在庫量を判断していくことは不可能です。

それなら、とにかくどの商品も多めに持っておけばいいのでは、と思うかもしれません。しかし、在庫というのはコストです。在庫を持てば持つほど、保管のスペースが必要になりますし、なかなか出荷されない商品があると、どんどん倉庫の中で古くなってしまいますので、売れない商品になってしまうリスクもあります。つまり、在庫とは、できるだけたくさん持てばいいというものではないのです。

財務諸表で見る在庫の位置づけ

これを会計的に見てみましょう。商品の在庫というのは、Ｂ／Ｓ（バランスシート、貸借対照表）の資産の部に「棚卸資産」として、金額に換算されて載るものです。それなら、在庫が多いほど、つまり資産が多いほどいいのではないか、と思う方もいるかもしれません。しかし、商品が販売されず在庫のままであれば、キャッシュ（現金）には変わりませんし、売上にもなりません。企業というのは、その活動によってキャッシュを生み出したり、売上をあげていかないと回りません。在庫は動かさないといけないものなのです。

しかも、商品が在庫のまま販売されずにいると、前述のようにどんどん古くなってしまい、最終的には割引して販売せざるを得なくなったり、もっとひどい場合には販売できないものになってしまいます。その場合、在庫としての価値が減りますので、棚卸資産の額を見直して減らさないといけないのです。減った分の価値は、「棚卸資産評価損」という項目で、費用あるいは損失として計上する必要があります。そうなると、利益が減るということになってしまいます。これはＰ／Ｌ（損益計算書）上の話です。

図７　B/S, P/L と在庫の関係

B/S（貸借対照表）

資産	負債
現金 預金 棚卸資産 ⋮	
	資本

在庫は、B/S 上は棚卸資産となる

P/L（損益計算書）

売上高
　売上原価
　販管費
営業利益
　営業外収益
　営業外費用
経常利益
　特別利益
　特別損失
税引前当期純利益
法人税
当期純利益

●在庫品が販売されると

棚卸資産は減り、支払われた代金が現金や預金として資産に計上される。
それとともに、P/L上で売上高が増える。

●在庫品が販売されないで、いつまでも残っていると

P/L上、売上高は増えない。品質低下などにより棚卸資産評価損を計上する場合には、
売上原価、営業外費用、特別損失などの費用となるため、当期純利益が減ってしまう。

ですから、在庫はできるだけ、動かせる分、つまり販売できる分だけ持つのが、会社の経営上望ましいのです。

その企業の経営状況を確認する時に、在庫回転率という指標を見ることもあります。これは、年間売上高 ÷ 在庫（棚卸資産）で計算します。つまり、在庫が1年間に何回入れ替わっているか（回転しているか）を見る指標です。在庫は回転しているほうがいいので、一般的にはこの値は高いほうがよい、ということになります。

このように、経営の指標として見るくらい、在庫というのは重要なものなのです。もちろん、品切れを起こさないことも重要ですので、在庫は多過ぎても少な過ぎてもいけない、ということになります。

需要予測・EDIと連動したアマゾンの在庫管理

このように重要な在庫管理を適切に行うために、アマゾンは日々の注文数から需要予測を行い、適切な在庫数を割り出して、不足分をサプライヤーに発注する、独自のＥＤＩシステムを構築しています。

「適切な在庫数」と言っても、それは商品ごとに違いますし、季節、時期によっても変動することがあります。ですから、適切な在庫数を割り出すのは簡単ではなく、様々なロジックを組み込んでおく必要があります。

さらに前述のＥＤＩを利用した自社開発の発注システムにより、どのサプライヤーに発注して、どの倉庫に在庫として持つのが最適かを判断しています。それによって、できるだけ品切れを起こさないようにしながらも、余計な在庫は持たずに済むよう、在庫を最適化しているのです。

ちなみに、主要な製品カテゴリについては、カテゴリごとにバイヤーがいて、人間の判断による発注というのも行われてはいますが、最近では、この部分もＡＩによるシステム発注に置き換えられてきているようです。こうしたシステム化については、あらためて３章で後述します。

アマゾンの倉庫運営

次に見ていきたいのが、アマゾンならではの倉庫運営の仕組みです。顧客のもとに速く正確に届けるために、一体どのような倉庫運営がなされているのでしょうか。

倉庫では一体何が行われているのか

倉庫というのは、商品を保管しておく場所ですが、倉庫の中では、一体何が行われているのでしょうか。まず、倉庫の基本的な分類をおさえておきましょう。倉庫には、ＴＣ（Transfer Center　通過型）と、ＤＣ（Distribution Center　保管型）の２つがあります。

ＴＣの主な機能は仕分けです。たとえば、中国で生産する服飾などの製品で、日本向けに多くの商品が入ってきた時に、それを国内の各店舗向けにＴＣで仕分けして、それぞれの店舗に向かうトラックに載せる、といった用途で使われます。

図８　TC 倉庫と DC 倉庫

TC：Transfer Center（通過型）：保管機能なし。主な機能は仕分け

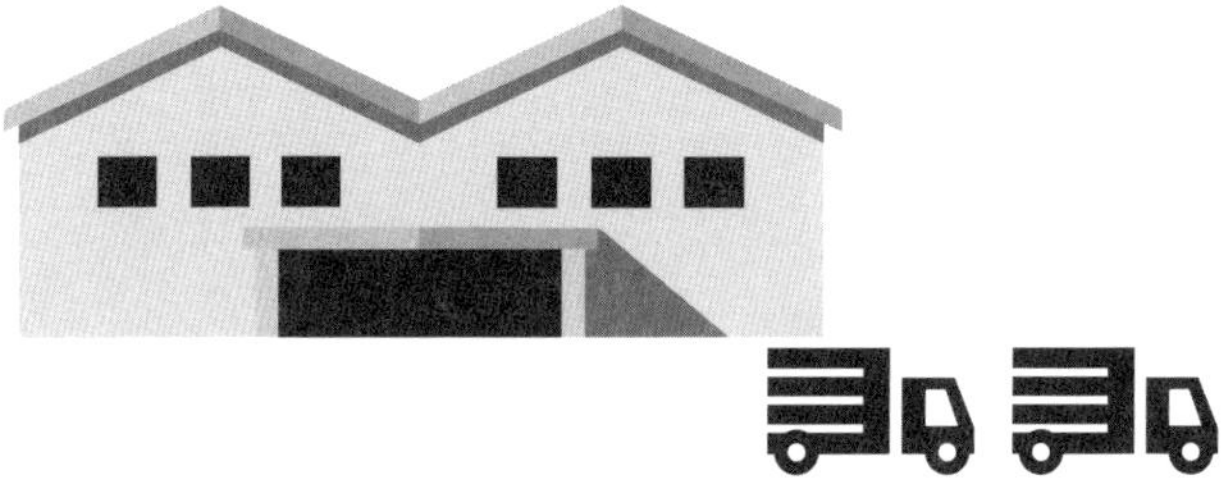

DC：Distribution Center（保管型）：保管機能あり

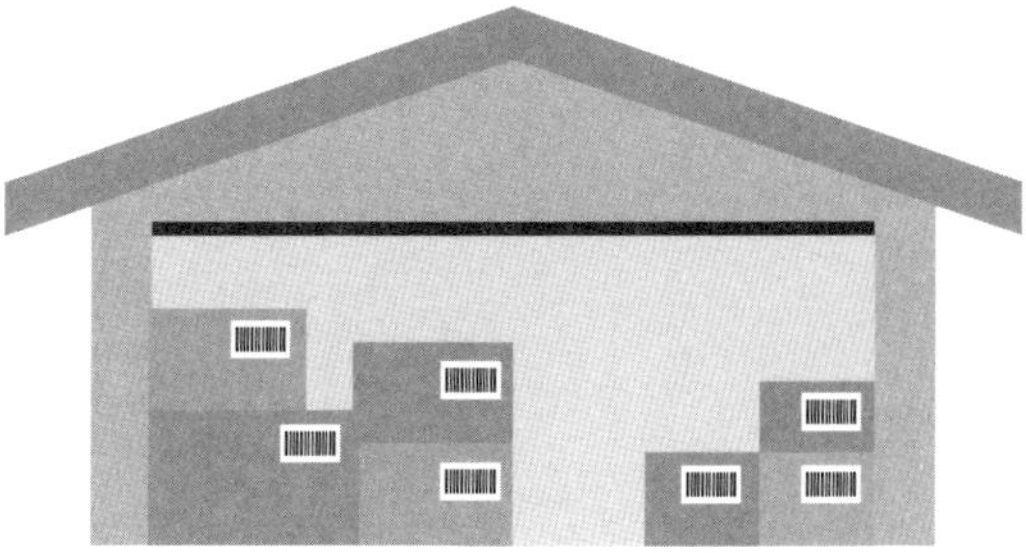

ＴＣの場合には、文字通り商品がその倉庫を通過するのみで、保管の機能はありません。代表的なＴＣの倉庫は平屋家屋で、両側にトラックバース（接車場所）があり、向こう側が見えるような建物になっています。商品を保管する場所はなく、ただ屋根の下に商品を載せた大型トラックがつき、荷物が降ろされて、各店舗向けに仕分け・同梱作業が行われ、そのまま家屋反対側のトラックバースに接車している各店舗向けの小型トラックへ積まれる、というように使われます。

ＴＣでの仕分けには、仕分け用のソーターという設備が使われることもあります。ベルトコンベヤーで流された商品が、ソーターの各店舗向け仕分け用の穴に落ちていくような仕組みになっています。

図９　ソーターの仕組み

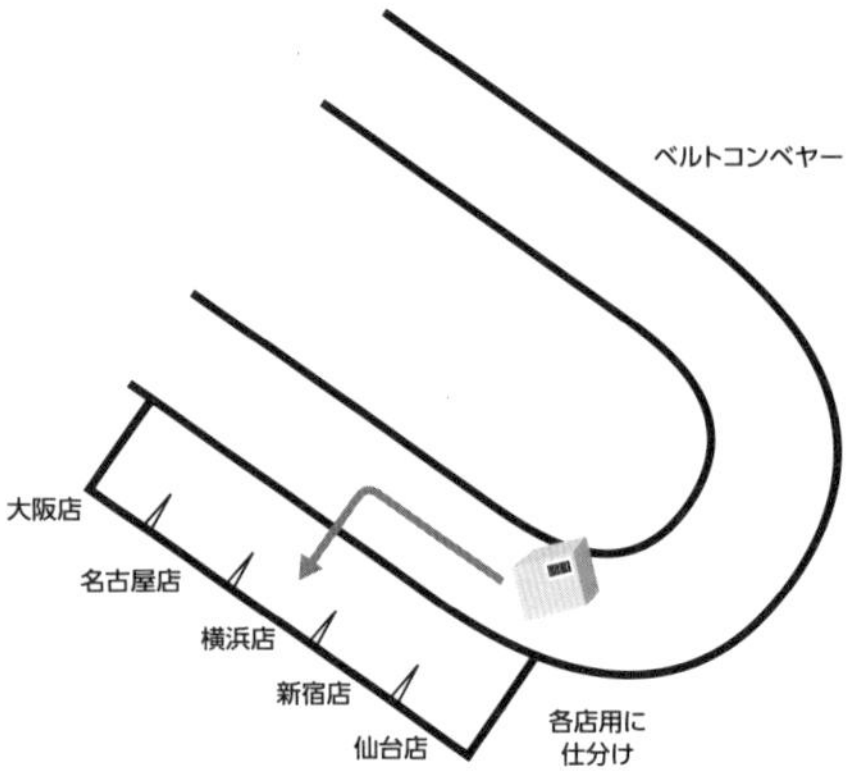

これに対して、ＤＣの場合には商品を保管する機能を備えています。つまり、倉庫内には保管用の棚があり、そこに商品が置かれています。「倉庫」と聞くと、こちらをイメージする方が多いのではないかと思います。アマゾンが使っているのもＤＣのほうです。

アマゾンの場合であれば、需要予測をして、この商品は、この倉庫にこれだけ在庫を持っておいたほうがいい、という計算をして、その分をサプライヤーから購入し、ＤＣに保管しています。

ＤＣ（保管型倉庫）における倉庫運営の流れ

ＤＣにおける倉庫運営の流れを見てみましょう。まず、サプライヤーから届いた商品を入庫し、問題ないか検品して、棚入れし、保管します。注文があれば、その商品を棚から見つけてピッキングを行い、出荷のための検品を行い、梱包して、配送業者に受け渡しをする（出庫）、という流れになります。

この一連の流れを、いかに効率良く、正確に行うか、というのが倉庫運営の基本です。一般的にＱＣＤと言いますが、Quality（品質）は高く、Cost（コスト）は安く、

Delivery（出荷）は速く、というのが倉庫運営で目指すところです。アマゾンでは、このQCDを数値で徹底的に管理しています。

サービスレベルに関わるQualityとDeliveryにこだわるのはもちろんですが、Costも厳密に管理しています。そうでなければ、低マージンのネット通販事業において、利益を出していくことはできません。また、顧客のためになる低価格を実現することもできません。

取り扱う商品が少なかったり、配送先が少なければ、倉庫運営もシンプルになりますが、アマゾンのように取り扱う商品が無数にあり、毎日何万人という多くの個人に配送する場合、倉庫運営は非常に複雑になります。では、アマゾンはどのように倉庫を運営しているのでしょうか。

図10　DC倉庫運営の流れ

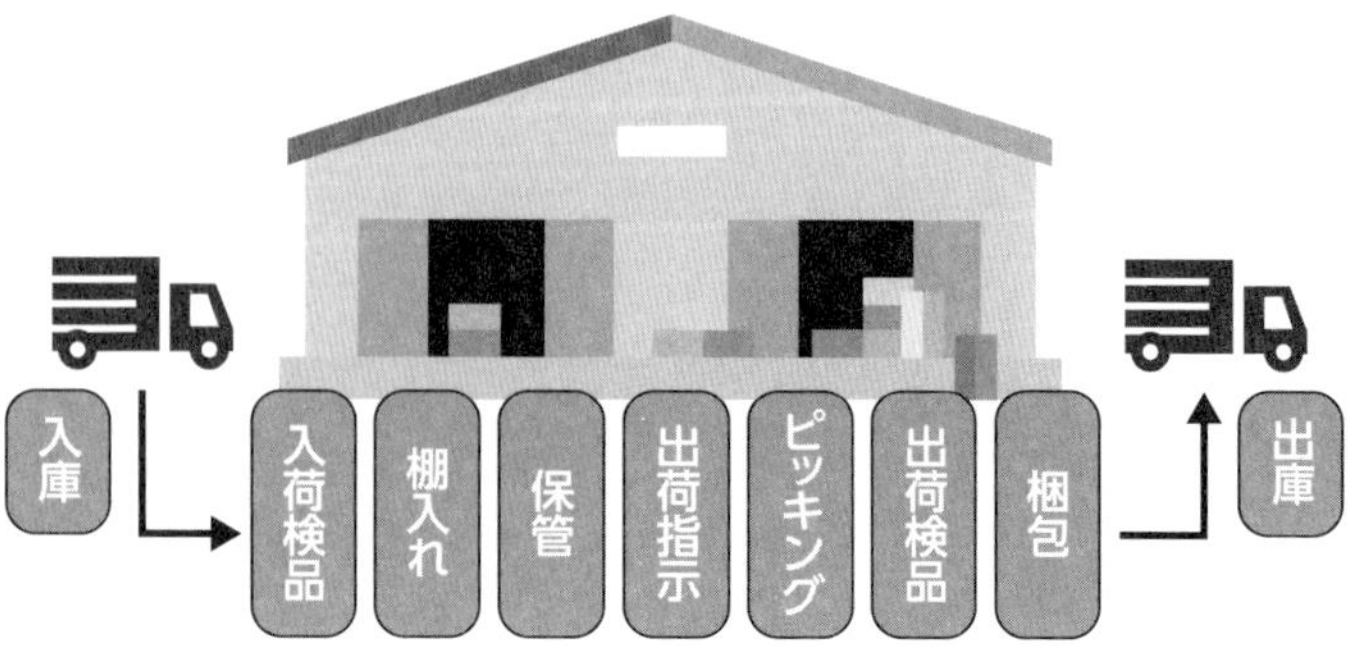

徹底した数値管理

アマゾンでは、倉庫運営のみならず、全てのオペレーションが徹底的に数値管理されています。ＫＰＩ（Key Performance Indicator　重要業績評価指標）という言葉を聞いたことがあると思いますが、このような数値管理は週次、月次、四半期、年次という単位でレビュー（報告）され、各ＫＰＩの責任者は数値の目標と実績の乖離《かいり》の説明、改善が必要であれば改善につながるアクションの計画をレビュー時に求められます。

また、数値だけを報告して実際の改善活動は行わない（行う時間がない）といった多くの企業にみられる形式的なＫＰＩではなく、直接部署の評価基準、ひいては人事考課にまで影響を与える設計となっており、必ず目標達成に向けての活動が行われます。

ＫＰＩは財務も交えて多角的な視点から設定されており、その報告書フォーマットも数値の推移や結果が視覚的に一覧できるよう、独自の工夫がされたものを社内で統一して使っています。これはアマゾンが長い時間をかけて築き上げた資産であるとも言えます。

ＫＰＩの報告会においては、オペレーション部門内の人間だけでレビューを行うのではなく、数値に強い財務や別部署の人間も参加し、活発な議論や厳しい意見が交わされます。まさに真剣勝負の報告会といった様相です。

数値管理をすることにより、最適なオペレーションフローを再構築し、実際に改善するかさらに検証を行います。そのうえで、自動化することが最善と思われた場合に初めて設備やシステムの導入が行われるため、無駄な投資が非常に少なくなります。

アマゾンで働くロボット

オペレーションを効率化させるロボットですが、ロボットも含め倉庫での機械設備のことをマテハン設備と呼びます。このマテハン設備にもいろいろな種類のものがあり、前述のソーターや、自動倉庫と呼ばれる保管設備、みなさんもよくご存知のベルトコンベヤーまで、運搬・荷役作業を支援する設備がたくさんあります。

アマゾンに導入されているものとしては、最近テレビなどにも出ているＫｉｖａという棚を運んでくるロボットが有名なのではないでしょうか。ＹｏｕＴｕｂｅなどで、実際のＫｉｖａの動きをご覧になれますが、お掃除ロボットのルンバのような形をしたロボットが、上に商品を格納したラックを載せ、倉庫を縦横無尽に行き来します。

コンセプトは、人がラックまで商品を取りに行くのではなく、ラックがなるべく近くまで必要な商品を運んでくることにより、効率を高めようということです。

実際に日本でも一部のアマゾン倉庫ですでに稼働していますが、導入の目的はテレビやメディアで説明されているような、人材不足を補うための機械による効率化だけでなく、短期間での倉庫構築も目的であると言われています。

通常、マテハンを導入するのは、床へアンカーを打ち込んだり天井を工事したりと大変大掛かりで時間がかかります。棚の設置も同様です。しかし、Ｋｉｖａを利用すれば、そのような大掛かりな工事が必要ないため、倉庫稼働がすぐに可能となるのです。アマゾンのような急成長する会社ではスピードが求められます。Ｋｉｖａというロボットはそういう意味においても、アマゾン向きのマテハンであると言えるでしょう。

早くから導入されていたＷＭＳ

今では多くの倉庫で導入され一般的になってきた倉庫管理システム（ＷＭＳ：Warehouse Management System）もアマゾンではいち早く導入されていました。私がアマゾンに興味を持つきっかけとなった２００1年以前（アマゾンジャパン立ち上げ以前）のＮＨＫ特集番組において、アメリカのアマゾン倉庫で無線を利用したＷＭＳを紹介していたのに大変驚いたことを覚えています。

ＷＭＳは、倉庫内の業務である入庫、出庫、入荷検品、出荷検品などを管理するシステムです。ハンディ端末を使って、商品についたバーコードを読み込みながら、それらの情報を管理していくことができるため、倉庫内で動きながら簡単に情報の入力や参照ができるようになっています。

私が２００1年にアマゾンジャパンに参画した時には、日本のアマゾン倉庫でも、すでにこのＷＭＳが導入されていました。アマゾンでは、グローバルで同じシステムを標準化して使っていました。日本で倉庫の立ち上げを担当する場合には、まずは1ヶ月、海外のアマゾンの倉庫で研修を受けて、そのオペレーションを日本でも展開するという形で行っていたのです。

アマゾンでは、基本的に、世界中で同じシステムを使い、標準化されたオペレーションを行います。そのほうが開発したシステムの費用対効果も上がりますし、オペレーションに関しても、ベストプラクティスを展開することが効率的だからです。

そして、たとえば、湿気の多い日本では倉庫に空調を整備したほうがよい、といったように、地域によって事情が違うことには、その都度個別に対応しています。

フリーロケーションで多品種小ロットに対応

ほかにも、アマゾンの倉庫運営で特徴的なのが「フリーロケーション」を採用していることです。「フリーロケーション」とは、商品によって置かれる棚の場所が決まっていない倉庫の形式です。つまり、入庫する商品を、どこでもいいので空いている棚に置いていくのです。これに対して、商品ごとに置く場所が決まっている形式を「固定ロケーション」と言います。

図 11　フリーロケーションと固定ロケーション

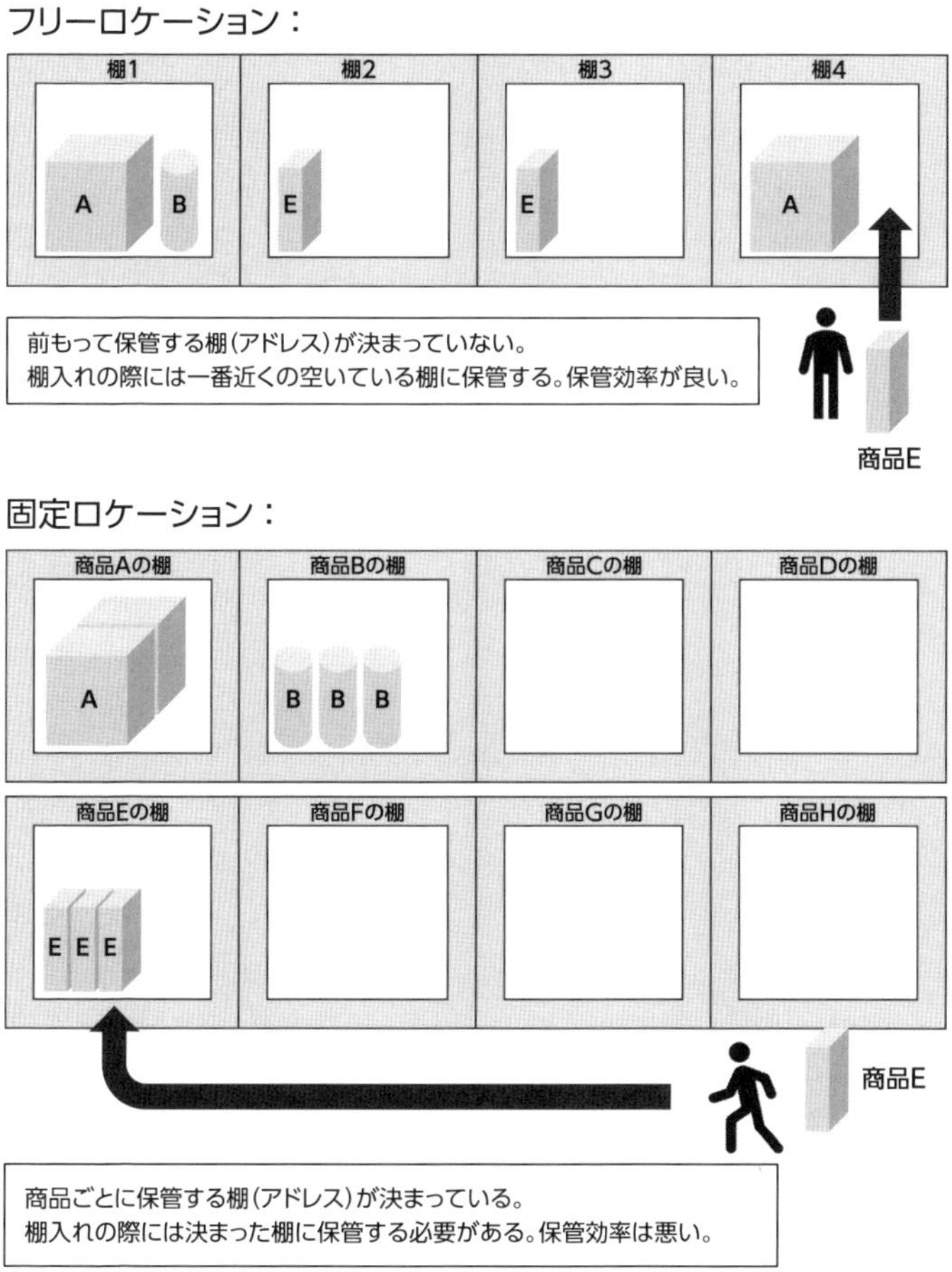

扱う商品が少品種多ロットの場合には、固定ロケーションのほうが効率良くなります。同一商品が同じ場所にまとめて置いてあるほうが、まとめて取りに行くことができるからです。しかし、多品種小ロットの注文が多い場合には、フリーロケーションのほうが向いています。固定ロケーションにしてしまうと、その決まった位置まで移動して入庫しなければならないことが、大きな時間の無駄につながります。空いている一番近い棚に保管するほうが、ずっと効率的なのです。

限られた商品を扱っている場合には固定ロケーションで問題ないので、多くの小売企業、通販事業者の倉庫は固定ロケーションを前提に設計されています。一方アマゾンでは、最初からフリーロケーションを前提に倉庫を作ります。無数の商品を扱っており、大抵は小ロットで注文されるため、圧倒的にフリーロケーションのほうが向いているからです。

このように、アマゾンの倉庫はその設計段階から、最大限の効率化を目指して作られています。

ここまで、アマゾンの配送スピードを実現する物流戦略を見てきました。

なぜアマゾンは「今日中」にモノを届けられるのか。

その理由は、企業理念として顧客至上主義がベースにあり、それを具現化するための、優れた購買管理、注文管理、在庫管理、倉庫運営の仕組みがあるからです。そのどれが欠けても、今のアマゾンの配送スピードは実現できないでしょう。

品質にまでとことんこだわる

アマゾンが配送スピードと共に重視しているのが、顧客に届ける商品の「品質」です。ネット通販の場合、リアルな店舗で顧客が商品を手に取って、それをそのまま購入するのと違い、実際には目にしていない商品が手元に届くことになります。顧客がリアルな店舗で実物を見てからネット通販で購入することもありますが、その場合でも、実際に目で見た品物と、手元に届けられる品物は全く同じものではありません。だからこそネット通販の場合には、よりいっそう品質に気を使う必要があるとアマゾンは考えているのです。では、この高い品質をアマゾンはどのようにして確保しているのでしょうか。

品質基準を上げるための施策

ご想像いただけると思いますが、アマゾンの倉庫における商品の入荷検品、出荷検品の基準は相当厳しいものになっています。フルフィルメントセンター内では、それぞれの商品について、できる限り高い品質で顧客のもとに届けられるように、梱包資材を変えてみたり、資材の厚みを変えてみたりと、日々試行錯誤が行われています。

また、アマゾン社内で品質の追求を徹底しているだけでなく、サプライヤーにも配送業者にも、同様に高い水準の品質を守ることを要求します。わずかでも傷があるものは受け入れず、サプライヤーに代替品を要求します。

たとえば、書籍に関しては前述のように、取次と呼ばれる、書店と出版社をつなぐ流通業者が大手のサプライヤーになるのですが、ほんの小さな折れなど、一般の書店なら受け入れるようなレベルの品物をアマゾンは不良品として扱うため、よく取次から「厳し過ぎる」と苦情を言われています。

書籍以外の商品にも品質基準がありますが、やはりそれらも一般的な小売店より厳しく、サプライヤーとの間で、もめることがよくあります。今では、他の通販事業者もアマゾンに合わせて品質基準を上げてきており、サプライヤーにとっては厳しい対応を迫られる状況になっているようです。

さらにアマゾンは、配送業者に対して、実際に商品を顧客の手元に届ける全てのドライバーに、アマゾンの商品はこう扱ってほしいと周知してもらう形で、指導をしています。配送については、商品の品質維持だけではなく、配送ミスを減らすことも追求しています。

トヨタ式のカイゼン、アンドンを導入

ミスに関して、アマゾンはトヨタの生産システムにおける「カイゼン」や「アンドン」の手法を取り入れて対処しています。

「カイゼン」というのは、工場の作業者が中心となって行う改善活動のことで、日々行われるものです。「アンドン」というのは、工場内で異常が起きた際に、すぐにそれを他の人にも知らせるために用意されている仕組みで、異常に気付いた作業者がアンドンを引くと、ランプがついて他の作業者にもわかるようになっています。また、アンドンが引かれると、そのラインが一斉にストップするなどして、事態が悪化しないようになっていることもあります。

アマゾンには工場はありませんが、これと同じような対応が社内の至るところでとられています。たとえばカスタマーサービスにお客様からクレームが入ったとします。その場合、大きな不具合であれば、カスタマーサービスがアンドンのスイッチを押すことができるのです。

それにより、他のメンバーに異常が知らされるだけでなく、該当商品の出荷を全部止めることもできます。

こうした製造業並の対応を行うことで、ミスを減らし、改善活動を日々行っているのです。

図12　アンドン作動時のイメージ

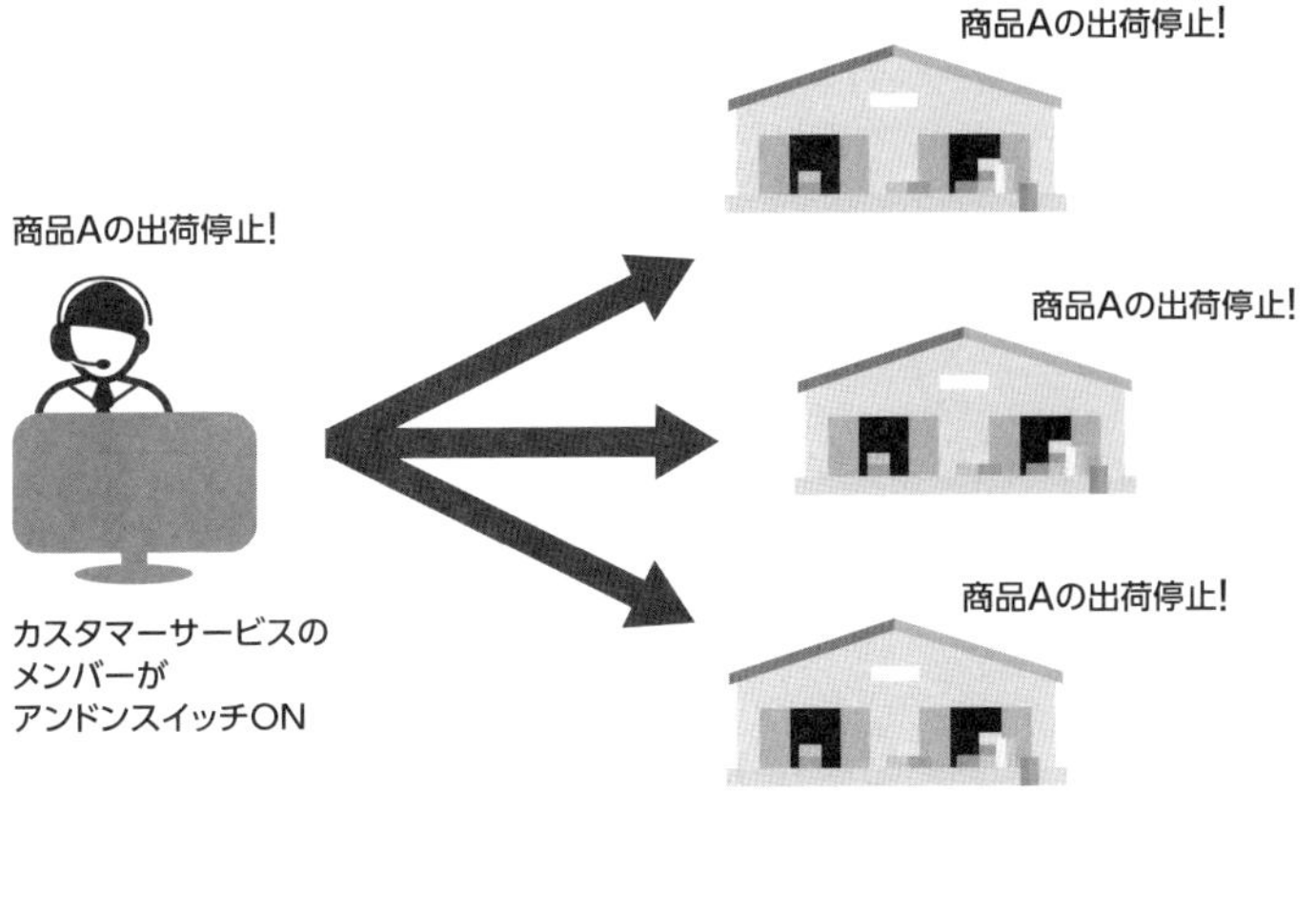

アマゾンがここまで品質にこだわるのは、やはり企業理念の1つである「地球上で最もお客様を大切にできる企業であること」を具現化するためです。顧客の求めるものは何かを徹底的に追求し、それを可能にする施策を考えて実行に移しています。

非常にシンプルなことではありますが、様々なしがらみがあったり、手間がかかったりするために、他の企業にはなかなか真似できないことが多くあります。これを実際に実行できるところが、アマゾンの大きな強みだと言えるでしょう。

コラム：アマゾンの物流の歴史

アマゾンの物流戦略を見てきましたが、実ははじめからこのように効率的に運営されていたわけではありません。少しだけ、アマゾンの物流の歴史を振り返ってみましょう。

アマゾンもやはりガレージから始まった

ジェフ・ベゾスがアマゾンを立ち上げた当初は、ベゾスの家のガレージが事務所でした。しかし、ガレージで仕事をしていたのはほんの数ヶ月で、すぐに別の場所に事務所と地下倉庫を借りることになりました。

アマゾンのサイトが一般向けにオープンしたのは1995年7月。サイト公開の直後、アマゾンがヤフーのサイトで紹介されたことで、アマゾンの取引量は急激に増え始め、遅くまでみんなで残業して対応しました。それでも追いつかないほど取引量が多い時には、ベゾス自身もその地下倉庫で梱包作業を行ったそうです。

書籍のみのネット通販から始まったアマゾンですが、１９９８年頃からは徐々に製品カテゴリを拡大し、取扱商品を増やしていきました。当初の拡大ターゲットは、ＣＤとＤＶＤでした。

ウォルマートから人材を引き抜き

会社が急拡大していくと、それまでの倉庫とオペレーションでは対応できなくなっていきました。

そこでベゾスは１９９８年に、ウォルマートの元物流担当バイスプレジデント、ジミー・ライトを引き抜きました。その際ベゾスがジミー・ライトに言ったのは、「どんなものでも取り扱える倉庫を作ってほしい」ということでした。

１９９８年のホリデーシーズンには、サイトでの受注数と顧客への出荷数の差が大きくなっていきました。つまり、注文が多過ぎて出荷が追いつかないという状態になってしまったのです。そこで、「Save Santa（サンタを救え）」という作戦が展開されました。

作戦と言っても、とにかく全社員が総出で、友達や家族も動員して、倉庫の棚から注文の品を見つけ、出荷するという総力戦です。

それでなんとかクリスマスを乗り切った後、ウォルマートから引き抜いたジミー・ライトの原案により、3億ドルを使ってネバダ州ファーンリーに倉庫を新設したり、アトランタ、ケンタッキー州、カンザス州の既存倉庫の改装・改造を行いました。

これらの倉庫は、ぎりぎりまで自動化されており、効率的に出荷ができるようになっていました。しかし、それだけでは不十分でした。

1999年に入ると、アマゾンは玩具と家電にも商品カテゴリを拡大しました。玩具は感謝祭やクリスマスに飛ぶように売れます。感謝祭が終わると、人気の玩具は在庫が足りなくなり、皆で手分けしてトイザらスなどの店舗を回り、玩具を買い占めました。

そして、クリスマスには、また「Save Santa（サンタを救え）」作戦が発動されました。ふたたび、社員総出で出荷作業です。

急激な取引量の拡大にともなって、倉庫運営はどんどん複雑になり、混乱が起き始めました。

アマゾンの物流を変えた人物

この物流の混乱を治めたのが、ジェフ・ウィルケでした。ウィルケは、プリンストン大学を首席で卒業し、ＭＩＴ（マサチューセッツ工科大学）の大学院でＭＢＡと工学修士を取得した人物で、まさに天才でした。

アマゾンから声がかかった時、ウィルケは、アライドシグナル（現ハネウェル）という大手メーカーで医薬品事業を統括するバイスプレジデントでした。

アマゾンでは、オリジナルの物流システムを構築していくことができる、新しいビジネスを作っていくことができると口説かれ、ウィルケは１９９９年にアマゾンに移ります。

ウィルケは、他の優れた科学者たちもアマゾンの物流部門に集め、アマゾンの倉庫内の動きを様々な指標により分析し、どこの倉庫に在庫を置けばいいか、注文をどこの倉庫で対応すべきか、複数の商品をどう組み合わせて梱包するのが効率的か、などを自動で判別できるアルゴリズムを開発していきました。

また、ウィルケはアライドシグナル時代に「シックスシグマ」という手法を実践していました。シックスシグマはもともと、製造業において品質改善のために使われる手法でしたが、ウィルケはこの手法を、アマゾンでの物流改善に活かしたのです。

これらのウィルケのとった手法により、アマゾンの物流は少しずつ効率化されていき、今のように商品のお届け日が確約できるまでになりました。この、ウィルケが持ち込んだアルゴリズムや改善手法が、今もアマゾンの倉庫運営と物流を支えています。

ちなみに、アマゾンではウィルケ以降、それまで「倉庫」や「配送センター」と呼んでいたものを「フルフィルメントセンター（ＦＣ）」と呼ぶようになりました。これは、単なる「在庫が積まれた倉庫」ではなく、お客様の満足を満たすためのアマゾン独自の配送センターであること、最先端のシステムと設備で自動化され、優れたハード・ソフトを備えた物流拠点であることを示しています。

第3章

アマゾン物流を支えるロジカル経営

2章では、アマゾンの強さの秘密である物流戦略を紹介しました。この物流戦略を支えているのが、アマゾンならではの、データにもとづいたロジカルな判断によって遂行される経営手法です。

本章では、このアマゾン式ロジカル経営とでも呼ぶべき経営手法と、アマゾンの文化や人材戦略について紹介します。謎めいていると言われるアマゾンの経営の実態が、よりおわかりいただけるのではないかと思います。

顧客最優先・長期視点

ただのキャッチフレーズではない「お客様のために」

２章でも度々述べましたが、アマゾンのビジネスのベースには、顧客至上主義の考え方があります。オペレーションの検討、取引先の検討、投資判断など全てにおいて、「最終的にそれが顧客のためになるのか」を考え、判断基準としているのです。

日本でも「お客様は神様」という、誰もが知っている言葉があります。多くの日本企業もまた、顧客を大切にすることが商売の成功につながると考えています。しかし、実際のビジネスにおける日々の判断に「本当にそれが顧客のためになるのか」という基準を用いている企業は非常に少ないと思います。結局は、社内の政治や、前例の有無、商慣習などによって、ビジネスが進んでいるのが日本企業の実態です。それに対して、アマゾンでは「顧客のために」というのが単なる標語ではなく、実際の判断基準になっているのです。

では、「顧客のためになること」とは何でしょうか。つまり、顧客が求めているものは何でしょうか。前述のように、物流という観点では、注文した商品が速く届くことと、間違いなく、そして傷のない状態で商品が届くことの2つです。つまり、スピードと品質でした。それ以外にも、アマゾンのウェブサイトに行った時に、探している商品が簡単に見つかること、その商品の在庫があり、すぐに買えること、できるだけ安い価格で買えること、といった要求もあるでしょう。

アマゾンは、こうした顧客の求めることをきちんと定義して、ビジネス上の判断基準に使っています。だから、物流に莫大な投資をしたり、マーケットプレイスのような、一見ライバルを増やして自社に不利になるのでは、と思うような施策を進めていくことができるのです。「それが結果的に顧客のためになる」ということがロジックとして成り立っていれば、その施策は社内的に合意を得られるわけです。

一般的な企業のように、顧客の要求を定義せずに「お客様のために」と言っても、日々のビジネスの中で何をすればいいのかわかりません。これが、アマゾンと他の会社のビジネスにおける、大きな違いの1つだと言えます。

長期視点での投資とビジネス展開

もう1つのアマゾンの経営の大きな特徴として、「長期視点」があげられます。これも、「顧客を大切に」というのと同様、「長期視点での経営が大切だ」と標語のように掲げられることは多いと思います。しかし、アマゾンでは本当に、ビジネスが長期視点で進められるのです。それは物流への投資を見てもわかりますし、新しいビジネスの展開についても言えることです。

私がアマゾンジャパンを離れてから何年も経ちますが、当時マネージャまで話が共有されていたような新規ビジネスの話が、今頃になってようやく世間に公表されている、というような時間軸です。それはビジネスの展開が遅いのではなく、かなり早い段階から新しいビジネスの展開を見据えて、長期視点で投資や準備を行ってきていることの表れです。

そして、この長期視点での投資やビジネス展開が、じわじわとアマゾンを強大にしています。長期的に見て必要なビジネス、見込みのあるビジネスについては、短期的に赤字が続いても、すぐにやめることはありません。また、継続的に改善を行っていきますので、最初は赤字でも数年続けるうちに黒字化することもあります。たとえばKindleのビジネスなどは今も黒字化されていませんが、アマゾンにとって必要なビジネスとして続けられています。

アマゾンは、ロボットを使った倉庫運営や、ドローン配送、AIスピーカーのAmazon Echoなど、新しい技術を使ったサービスや取り組みで注目されることが多いので、一見派手な新規ビジネスを次々とスピーディーに展開しているように見えるかもしれませんが、実は何年もかけてじっくりと準備をすることのほうが多いのです。

こうした経営のやり方もアマゾンにはしっかりと根付いています。ベゾスはいまだ現役のトップではありますが、おそらくトップがベゾスから他の誰かに交代したとしても、このアマゾンのベースである長期視点での経営は、顧客最優先の企業理念と共に踏襲されていくでしょう。

プラットフォームとしてのアマゾン

アマゾンが顧客最優先という企業理念を具現化している例を、ここで紹介したいと思います。

ネット通販サイトには、大きく分けて２つの型があります。自社の独自サイトで通販を行う「自社サイト型」と、楽天のように多くのショップが同居している「モール型」です。モール型の場合には、仕入れや物流は個々のショップが行っていますので、基本的にはサイトをプラットフォームとして提供しているだけになります。

アマゾンはこのどちらにあたるのでしょうか。

もともとはアマゾンが仕入れた商品のみを販売する自社サイト型でしたが、２０００年から「マーケットプレイス」という仕組みを始め、他の販売会社も商品を販売できるようになりました。自社サイト型でありながら、他の会社の販売プラットフォームにもなっている、非常にユニークな形態になっています。このマーケットプレイス、日本では２００２年11月に開始しています。

他社の商品を販売させるマーケットプレイス

たとえば、アマゾンで欲しい書籍を検索すると、アマゾンの販売している分以外にも、「中古品の出品」や、他の会社が販売している「新品」がリストアップされることが多くあります。これが「マーケットプレイス」の仕組みです。アマゾン自身が販売するだけでなく、他の販売業者の商品も一緒にアマゾンのサイト上で販売しているのです。

アマゾンはなぜ、このような仕組みを始めたのでしょうか。私がアマゾン在籍時に聞いたところによると、アメリカでマーケットプレイスが開始された経緯はこんな話だったようです。

まず、アマゾンが書籍だけでなく、商品カテゴリをどんどん増やしていった時、競合として見ていた会社はイーベイでした。イーベイはオークションサイトですので、自分たちで在庫を持つわけではありません。アマゾンのように自分たちで在庫を抱えて、そんなに大きな投資をしたら儲からないだろうと、イーベイは思ったことでしょう。内部にいる私たちでさえ、そういう気持ちがありました。オークションは粗利がいいので、アマゾンでもオークションをやろうという話もありました。実際に、オークションのサービスを始めたこともありました。しかし、結果的には「何かが違う」と打ち切られました。

アマゾンの大切にする顧客視点で考えた時、「扱うべきは中古だろう」ということになりました。ある時、「新品も中古もいっぺんに販売されているほうが、消費者が選べるので消費者のためになる」と言い出した人がいたのです。

実はアメリカの慣習で、「テキストブックシーズン」というものがあり、その時期、中古の教科書が大量に販売されます。そういったこともあり、アメリカでは書籍の中古市場がある程度重要視されていました。「顧客にとって、中古も見たい、購入したいというニーズがあるのなら、中古も販売するべきだ。それも１つのページで新品と一緒に見られるようにすべきだ」と、会議でベゾスに提案した人がいたのです。

この提案、最初は他の人に激しく反対されたりもしたようですが、最終的には、顧客にとって正しいことをやれば会社の利益になるはずだ、ということで合意が得られました。

そこが、アマゾンのすごいところです。やはり、顧客至上主義がビジネス判断のベースにあるのです。

こうして、まずは書籍について、新品と中古を同時に販売しようということになりました。中古は自分たちで扱っていなかったので、マーケットプレイスという仕組みで他の販売会社に出品してもらうようにしました。厳密には、最初の頃は業者ではなく、個人に販売してもらうことを想定していました。

今ではアマゾンの商品売上の半分がマーケットプレイスの販売分になっているほど、大きな存在となっています。

シングル・ディテイル・ページで差別化

アマゾンが販売している商品と、マーケットプレイスで販売業者が直接販売している商品が同じ商品であれば、その情報は1つのページにまとめられます。この仕組みを「シングル・ディテイル・ページ」と言います。

シングル・ディテイル・ページであれば、顧客は1つの商品の購入を検討する時に、たくさんのページを訪問する必要がありません。商品の説明は1つにまとめられているので、そこさえ読めばわかります。あとは、価格や送料、新品か中古品か、販売業者など、違いのある部分のみを比較検討すればいいので、顧客にとっては効率的に買い物をすることができる、というメリットがあります。

楽天などのモール型店舗では、複数の店舗が同じ商品を扱っていることがありますが、ウェブページは店舗ごとに作られますので、同じ商品が楽天内の複数のページに出てくることになります。そうなると、顧客は複数の店舗のページを見て、どこが一番安いのか、速く届くのか、といった比較をする必要が出てくるのです。

マーケットプレイスの開始をきっかけとして、アマゾンはこのシングル・ディテイル・ページを強く差別化ポイントとして意識するようになりました。

シングル・ディテイル・ページの重要性は、私がアマゾンジャパンに在籍している間に、何度となく繰り返しきつく言われました。どれだけ商品を拡大していっても、シングル・ディテイル・ページがイーベイとの差別化要因になる、という話でした。

「ナイキのエアマックスをイーベイで検索したら、いくつページが出てくると思う？ 同じ商品のページがたくさん出てくるのが顧客にとっていいことか？ 1つだけ出てくればいいだろう。そしてたくさんある中から、誰が一番安く売っているか、お客の評価がいいかがわかればいい。同じ写真が10個も20個も出てくる必要はない」と、よく言われたものです。

アマゾンがシングル・ディテイル・ページを作り上げることができたのは、もともと自社で小売をやっていたからです。そして、このシングル・ディテイル・ページを差別化ポイントとして突き進んでいったことで、強大なプラットフォーマーになれたのだろうと思います。

同じことを他の日本の会社がやろうとしてもできないでしょう。まず、書籍のネット通販を行っている会社が、中古の書籍販売も始めようとすれば、必ず出版社から苦情が来ます。業界内でも文句を言われます。それは、商慣習に反しているからです。ビジネス上の判断において、業界を向いているのか、顧客を向いているのかという違いがここに表れます。

アマゾンには新興企業ならではの強みもあります。それは「しがらみがない」ということです。それを利用して、ひたすら顧客のためになること、正しいと思うことをやり続けて、顧客からの信頼を得てきたのがアマゾンです。しがらみがある会社にはそれができません。ちなみに、アマゾンにも多くの苦情は来ました。しかし、結局は顧客の信頼を得ることで、バイイングパワーがどんどん大きくなりました。こうして、サプライヤーにとっては、「アマゾンは嫌いだが、背に腹は代えられない」という状態になりました。

アマゾンにとって、マーケットプレイスはどのようなメリットがあるのか、整理してみましょう。

まず、アマゾンがサプライヤーから仕入れて販売するだけでは、品揃えを拡充させるペースが遅くなってしまいますが、他の販売業者の出品分を合わせると、品揃えはずっと速いペースで拡大していきます。

また、全ての商品を在庫として置くのは難しいため、どうしてもニッチな商品については注文があってからサプライヤーに発注することになり、顧客の手元に届くまでのスピードが遅くなってしまいます。

しかし、たとえアマゾン自身の販売分が在庫切れになっていたとしても、他の販売業者からの出品分の在庫があれば、顧客にとっては購入可能な状態になります。他の販売業者からの購入であっても、顧客の意識上では「アマゾンで購入した」ということになりますので、在庫切れにより顧客の期待を裏切らずに済むのです。

さらに、複数の販売業者が同じ商品を販売する時には、当然価格競争が起こります。そうすると、自然と販売価格は安くなっていき、顧客にとっては安い値段で購入できるということになります。顧客に安く、速く商品を届けることを命題としているアマゾンにとっては、プラットフォーマーとして価格競争を起こさせることも顧客のためになる方法なのです。

マーケットプレイスに入ってきたのは、その商品を直接販売したいメーカーだけではありません。小売業者である丸井や上新電機なども、マーケットプレイスで販売をしています。こうして、多くの販売業者のカタログが登録され、販売が行われていくと、売れ筋商品がわかってきます。そうなると、アマゾンはその商品の販売に乗り出すわけです。そして、アマゾンはその商品を他の販売業者よりも安い値段で販売します。そうやって、結果的にカートをアマゾンが独占していくことになるのです。

そんなことをしていると、他の販売業者が不満を持つ可能性も高いのですが、アマゾンには、そこをうまくバランスを取ってコントロールする手法が、プログラムとして存在しています。

たとえば、アマゾンを利用する販売業者に対して、日ごとの販売数やページビュー（閲覧数）、ランキングといった情報を提供したり、マーケティングツールとして使えるベンダーセントラルというツールを開放したりしているのです。書籍であれば、ベンダーセントラルで著者のページを充実させることで、ユーザーに訴求し、同じ著者の他の書籍の販促につなげることもできます。

そして何より、アマゾンのトラフィックの大きさが、販売業者にとっての魅力になっています。「トラフィックが大きい」というのは、多くの消費者がアマゾンのサイトを訪れているということです。自社のサイトで直接販売したり、他のネットショッピングのサイトに出すよりも、多くの顧客の目にとまることができるということは、当然売上も大きくなる可能性が高くなります。

ＦＢＡで高いサービスレベルの物流代行を提供

アマゾンがマーケットプレイスで販売のプラットフォーマーとなった経緯を見てきましたが、アマゾンはそれだけでは終わりません。

自社では物流を行わないモール型サイトと違い、自社サイト型として自分で小売をやってきたアマゾンには、物流の仕組みがありました。しかもアマゾンは、２章で見たように、莫大な投資をして、非常に高いレベルの物流を実現していました。その強みを活かして、ＦＢＡ（Fulfillment by Amazon）というサービスを始めたのです。

ＦＢＡとは、他の販売業者の在庫から配送までを、アマゾンが代理で行うものです。他の販売業者の売り物であっても、アマゾンの倉庫に在庫を持ち、注文があれば配送までをアマゾンが責任を持って行います。販売業者にとっては、「アマゾンの高いサービスレベルで」在庫管理から配送までを行ってもらえるため、手数料を払ってでも使いたい、ということになります。

ほかにも、アマゾンに物流を代行してもらうことで、その販売業者では対応できなかったことが可能になります。たとえば、顧客はアマゾンの決済方法を使って支払うことができるため、その販売業者では代引決済に対応していなかったとしても、アマゾンのＦＢＡを利用することで、顧客が代引決済を選択できるようになるのです。

このように、アマゾンの質の高い配送とサービスによって、販売業者の販売数は伸びていきます。ＦＢＡは単なる物流サービスではなく、マーケティングサービスとしての役割も担っているのです。

アマゾンにとっては、顧客が「アマゾンのサイト上で購入した商品」のお届けまでのサービスレベルをコントロールすることができるので、高い顧客満足度を維持することにつながります。

一度こうしたサービスを利用してしまうと、販売業者もアマゾンから離れられなくなります。すると、やはりアマゾンが一番品揃えが良い、ということになり、アマゾンはますますプラットフォームとして強大になっていきます。

最初は、商慣習に合わないことを平気で行うアマゾンのやり方に抵抗があった販売業者も多かったと思いますが、このように強大なプラットフォーマーとなったアマゾンは、もはや無視できる存在ではなくなってしまったのです。こうなると、その商慣習の違いには目をつむって、アマゾンを利用したほうがよさそうだと、多くの企業がアマゾンを利用するようになり、アマゾンのプラットフォームをまた強くしていくという循環が起こっています。

アマゾン式ロジカル経営の３つの柱

２章でも「ロジカル」という言葉を使いましたが、アマゾン式経営の特徴は、とにかくロジカルだということです。つまり、感情で動くのでもなく、前例や商慣習に縛られるのでもなく、その時々の状況をデータ、数値で判断して、改善に向けて最良の策を遂行していくのです。具体的にそれを可能にしているのが、ＫＰＩ、オペレーション、システムの３つの柱です。

もちろん、他の会社にも、ＫＰＩを本気で使っているところ、オペレーションが優れているところ、システムが強いところはあるでしょう。しかし、この３つ全てがアマゾンに匹敵するレベルで使われていて、しかも密接に絡み合って経営に活かされている企業を、私は知りません。

では、アマゾンのＫＰＩ、オペレーション、システムのどこが特徴的なのか、１つずつ見ていきましょう。

図 13　アマゾン式ロジカル経営の 3 つの柱

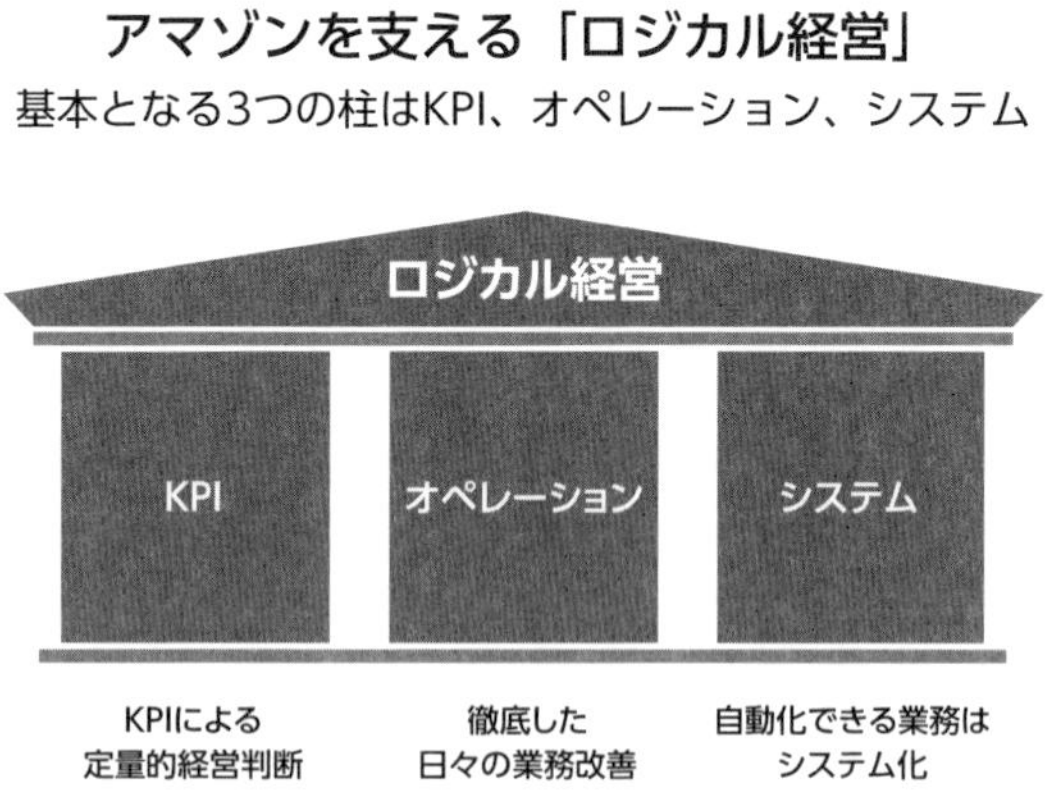

アマゾンのＫＰＩ

アマゾン式ロジカル経営の３つの柱の最初は「ＫＰＩ」です。業績を見るための重要な指標をＫＰＩと呼びますが、様々なＫＰＩを設定して継続的に見ている会社は多いと思います。しかし、ＫＰＩをただ見るだけで終わってしまっている会社も多いのではないでしょうか。

アマゾンでは、ＫＰＩを非常に細かく設定し、週次で継続的に見ながら、日々のオペレーション改善や経営判断に本当に活かしています。

ＫＰＩを本気でレビューする週次経営会議

アマゾンでは、様々なＫＰＩを週次でレビューする会議があります。この週次の会議をＷＢＲ（Weekly Business Review　週次経営会議）と言い、ここでは、全てのＫＰＩについて同じフォーマットで資料を作り、年対比や目標対比、直近の推移などの数値を見ていきます。

ＫＰＩとしては、たとえば、システムの稼働状況や、どのくらい正しく表示できていたか、ショッピングのセッション数がどのくらいあったか、注文数、ＣＶＲ（コンバージョンレート、サイトを訪れた人のうち購入に至った割合）、新規顧客の比率、価格、サードパーティー比率、コスト、不良資産率、在庫欠品率、配送ミスや不良品率などが設定されており、上流から下流まで全体のビジネスの状況を見えるようにしています。

ほかにも、たとえば、倉庫では一出荷にかかった時間や、どれだけ納期通りに出荷できたのか。カスタマーサービスでは、出荷に対してどのくらい問い合わせがあったのか、電話の問い合わせを一定の時間内に何％取れたか、メールの問い合わせに対して一定時間内にどれだけ返せたか、一回で簡潔に答えられたか、また、回答に関するアンケート結果をもとにした顧客満足度なども見ています。そして、各ＫＰＩの数字は非常に細かい単位で見られ、０．０Ｘ％というレベルで目標が立てられます。

各ＫＰＩにはオーナー（主担当者）が決められており、それぞれのオーナーが、先週の状況、今週の進捗、その理由、このままいくと目標に達成するかしないかの見込みといったことを説明します。それに対して、他のＫＰＩのオーナーたちから厳しい質問が飛び、数値の理由だけでなく、今後の方策についても説明する必要があります。目標を達成できなかったとしたら、今後どう改善していくのか、目標を達成できたとしたら、目標数値をさらに上げるのか、などを説明していきます。また、前年との比較も行うため、前年はなぜこの数値だったのか、ということも覚えておく必要があります。

日本のＷＢＲは１～２時間でしたが、グローバルのＷＢＲは長いと３～４時間にもなることがありました。これを毎週行って、ビジネスに反映させているのです。

このＷＢＲについて、非常に印象的だったことがあります。自分がオーナーのＫＰＩについて目標数値を達成して、自信満々に「We met the goal!（目標を達成しました）」と話したところ、「どうして目標が達成できたんだ？」という質問を受けたことがあったのです。

そのままスムーズに次に行くだろうと思っていたので、一瞬パニックになりましたが、電話会議でパニックになった時には、まず電話のミュートボタンを押すようにしていました。焦って日本語で話してしまったり、他の人に相談している声を聞かれてしまったり、わけのわからない英語を口走ってしまう、といった他の人の失敗を、いろいろ見てきたたからです。最悪、相手からHello! Hello! と言われたら、電話回線のせいにして切ってしまう、という手もあります。

その時には、一旦ミュートにして、どう答えるかを考えました。そして、「それについては、こうなんじゃないかという仮説を持っていますが、疑わしいので来週までに調べさせてください」と言いました。すると、「ケンジ、数字というのはコントロールするものだから、目標を達成しようがしまいが、理由を全て理解しておかないと何の意味もないんだよ」と言われたのです。その言葉は衝撃的でした。

それ以後、その考え方は自分の中に叩き込まれて、数値に関してはなぜそうなるのかを徹底的に考え、データと共に用意しておくようになりました。

アマゾンでは、目標を達成したからいい、とは考えないのです。理由がわからなければ再現性がない、ということになります。それほどまでに徹底してＷｈｙを突き詰めるところも、アマゾン特有の文化だと思います。

ファイナンスチームの強さも特徴のひとつ

私がアマゾンジャパンに在籍していた頃は、このＷＢＲ用の資料を作るのはファイナンスのチームでした。アマゾンは、ファイナンスチームが強いことも特徴の1つだと思います。小売業であるアマゾンのビジネスモデルは低マージンのスケール型、つまり、１つの商品の売上による利益は少ないけれども、それを大量に売り上げることで、全体の売上が大きくなる仕組みです。そのようなビジネスでは、価格設定やコストの管理により、薄くてもきちんとマージンが出るように、コントロールすることが必要になります。ファイナンスチームが強いということは、ここのコントロールがしっかりできるということです。

また、組織上、ファイナンスチームとＨＲ（人事）が一体になっていることも、このマージンコントロールを利かせるうえで、重要な点だと思います。ＨＲというのは、採用や給与をコントロールする部門であり、それらは会社のコストに直結するからです。採用のオペレーションについては、アマゾンの人材戦略のところで、また詳しく紹介したいと思います。

年2回の予算作成は戦い

アマゾンには、年次の予算（目標数値）を作る仕組みがあります。アマゾンは12月決算で、1月から12月が会計年度となります。予算作成のスケジュールとしては、6月頃から次年度の予算案の作成準備を始め、8月にその予算の発表会を行います。それをもとに、9月から10月に次年度の予算が決まります。

その後に補正予算もあります。新年度が始まった直後の2月に補正予算の作成が始まるのです。ビジネスの状況は刻々と変わっているため、予算案を作った半年前には見通しになかったことが起こります。そこで見直しプランを作成するのが補正予算です。これは、3月くらいまでに会議で確認され、実行に移されま

図14　予算作成のスケジュール

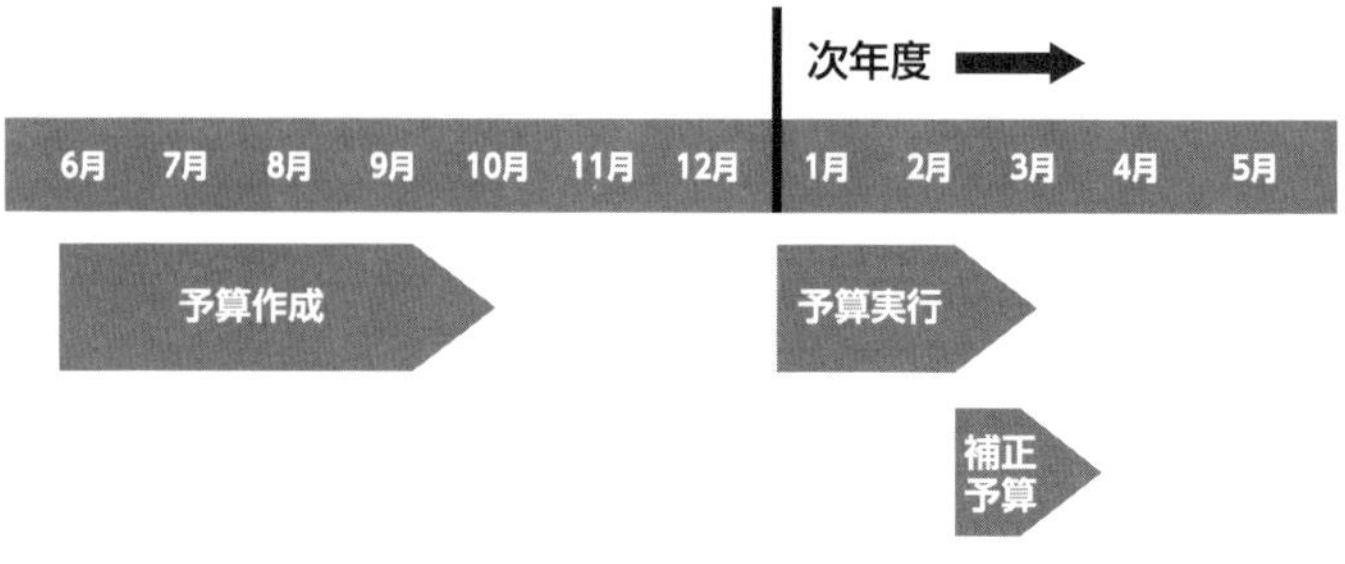

す。これを実行しているうちに、また翌年の予算作成の準備が始まる、という流れです。前年度の実績（Actual）と、今年度の見込み（Forecast）を見ながら作っていくのです。

この予算作成も、ある意味戦いです。ここで作った数字と、そのプランが受け入れられるかどうかで、次の期には自分たちのチームのヘッドカウント（採用枠）が減ってしまったり、もっと悪い場合には、会社の中での存在意義がなくなってしまうかもしれないからです。

予算やヘッドカウントだけでなく、社内の人的リソースの取り合いになることもあります。なかでもエンジニアのリソースはよく取り合いになります。自分のチームでは、来期コンビニ配送を始めたい、そのためにこういうシステムを開発する必要がある、ついては開発者のリソースが欲しい、というようなケースです。

このように、予算やヘッドカウント、エンジニアのリソースなどを得るために、自分たちのプランがいかに達成可能なものか、それによりどれだけの予算が達成できるのか、をアピールします。そして、他のチームのプランについても、皆本気で話し合いをします。

この厳格なプロセスをもって予算を作ると共に、見込み（Forecast）、実績（Actual）を継続的に見ながら本気で話し合うので、アマゾンはどんなに売上が大きくなっても、ぎりぎりのラインでマージンコントロールができるのです。

このプロセスは、かなりの労力と時間をかけて行っています。やっているほうからすると嫌になるくらい大変な仕事なのですが、これがあるからこそ、アマゾンの経営はしっかりと回っています。

ベゾスが、「アマゾンが行っている中で非常に素晴らしい仕組みだから、死んでもやり続ける」と言ったくらい、アマゾンにとって重要な仕組みなのです。

パワーポイントではなく全て文章で

このような年次の予算作成や、それに向けた会議を行っている会社は多いと思いますが、アマゾンが特徴的なのは、そのプランを全て文章でまとめるということです。このルールは「ナラティブ（Narrative）」と呼ばれています。私のアマゾンジャパン在籍中に、ある日突然「パワーポイント禁止」という通達が流れてきて始まったルールでした。

通常、会議資料はパワーポイントなどのスライドを用意して、会議の中では口頭で補足説明をすることが多いと思います。しかし、スライド資料だけだと何が言いたいのかわからないこともあります。資料が最初から文章になっていれば、資料だけを読んで、言いたいことがわかる状態になります。人によって解釈が違うということも、少なくなります。

予算作成の際には、アマゾンの世界中の各チームが、来期のプランを文章で説明し、ファイナンスチームに提出します。この文章は５枚のＷｏｒｄ文書にまとめる必要があります。特にフォーマットは決まっていません。正解は１つではありませんので、様々な章立てや論法を検討しながら、説得力を持つように書いていくのです。

そして、事業部ごとにこれをレビューするための会議が行われます。会議では、参加する全員が提出された各チームの文章を読み、ひたすら質疑応答が続きます。質疑応答に備えて、まるで国会答弁のように、バックアップ資料を大量に用意しておきます。

まずは、きちんと文章で説明ができなければ、希望する予算やヘッドカウントを取ることができません。ですので、この文章は非常に重要です。そしてもちろん、文章だけでなく、会議においては、いかにそのプランが重要か、説得力を持って語る必要があります。最終的には、そうした各チームのプランを上層部が練って、予算を決定することになります。

毎年これを続けていくので本当に大変ではありますが、そこでしっかり話し合うことで、ビジネスの全体像、将来像が参加者全員に見えるようになります。そして、とてもリーズナブルな形で、会社として何をやっていくかという全体の計画ができるのです。

アマゾンのオペレーション

アマゾン式ロジカル経営の２つ目の柱は「オペレーション」です。オペレーションとは、日々の業務遂行のことですが、アマゾンでは、この日々の業務遂行のレベルが非常に高い状態で保たれています。それは前述のＫＰＩにもとづいたオペレーション改善もありますし、その他の業務改善の仕組みもあります。

日々オペレーションを効率的に回しながらも、少しでも改善の余地があれば、すかさず改善案を出します。これはどの社員もそうです。そして、この改善案に対して、必ず何かの動きが発生します。毎日のように改善案が提案され、新しい仕組みが開発されています。普通の会社では考えられないほど、日々のオペレーションの中でＰＤＣＡのサイクルが高速で回転しているのが、アマゾンという会社の特徴です。

不明点はまず社内のナレッジベースにあたる

自分の業務に関連して、日々わからないことや困ったことが出てきます。たとえば、不良品の処理について、どうすればいいかわからなかったとしましょう。その場合、まずは、アマゾン社員用ポータルサイトにあるリンクから、社内Ｗｉｋｉにアクセスし、「不良品処理」というキーワードで検索します。

社内Ｗｉｋｉとは、ウィキペディアの社内版で、イントラネット内でしか見られませんが、社員は誰でも作成・更新することができます。アマゾンでは、何かナレッジベースとして残しておきたいことがあったら、Ｗｉｋｉを作る習慣が根付いているのです。

これは自分の備忘録として残したり、チーム内や会社内の他のメンバーの役に立つように作成します。決してノルマがあるわけではないのですが、皆積極的にＷｉｋｉを作り、ナレッジベースを充実させていきます。

先ほどの「不良品処理」で検索した場合、いくつもの結果が出てきます。ここでは、情報の信頼度を見抜くスキル、リテラシーが必要になります。たとえば、情報の新しさを更新日付で確認したり、作成者がどんな人かを社員データベースで確認したりして、信頼できそうな情報かを判断します。

Ｗｉｋｉだけを読んで意味がわからなかったり、つまずいたりした場合には、そのＷｉｋｉの作成者にコンタクトすることもあります。社員データベースには、その社員の電話番号やメールアドレスなどの情報が載っているので、簡単にコンタクトすることができるのです。

そのようにして、まずは自分でＷｉｋｉを検索し、できるだけのことをします。同じような問題が発生することは多いので、その段階で解決できることも多くあります。しかし、それでも解決できない複雑な事例や新規の問題の場合は、また違った仕組みを利用して解決していきます。

課題管理票で日々行われる業務改善

社内Ｗｉｋｉだけでは解決できないような問題が発生した時には、課題管理票のシステムを使って、それを解決していきます。

課題管理票のシステムも、社員用ポータルサイト上に入り口があり、社員なら誰でも課題管理票を発行できるようになっています。また、このシステムでは過去の課題管理票も検索できますので、似たような問題が発生していないか、解決方法を自分で検索して探すこともできます。

ある社員がオペレーションに関して問題を発見して、課題管理票を発行する場合、まずシビリティ（緊急度・重要度）を5段階で設定します。このシビリティごとに対応しなければならない期限などが決められています。たとえば、最も緊急度の高いシビリティ「1」であれば、1時間以内に電話会議を開催し、2時間以内に原因を見つけて解決する必要があります。このシビリティは、顧客や営業への影響度によって基準が決められています。

そして、次にカテゴリを設定します。たとえば、ウェブサイト上でカートのページがダウンするという障害が発生した場合には、カテゴリは「ウェブサイト」↓「カート」↓「ダウン」というように、細かいレベルまで選んでいきます。こうしたカテゴリやサブカテゴリが無数に用意されていますので、選ぶだけでも一苦労です。

課題管理票の作成者がカテゴリを選ぶと、そのカテゴリに紐付いたResolverグループというものが自動選択されて、そのグループのメンバーがこの課題管理票に関連付けられます。この複数いるメンバーの中ではアサインされる優先度が決まっていますが、それは入れ替えることも可能です。

そして、たとえばバイヤーグループのAさんが1番となっていれば、Aさんにこの課題管理票がアサインされます。つまり、Aさんの担当案件となるのです。その瞬間、Aさんにメールが飛びます。Aさんがメールを読んで課題管理票を取ると、ステータスがWork in Progress（対応中）となります。

こうして、システム上で様々なコミュニケーションが取られ、最終的にResolve（解決）されるという流れになります。

図 15　課題管理票の仕組み

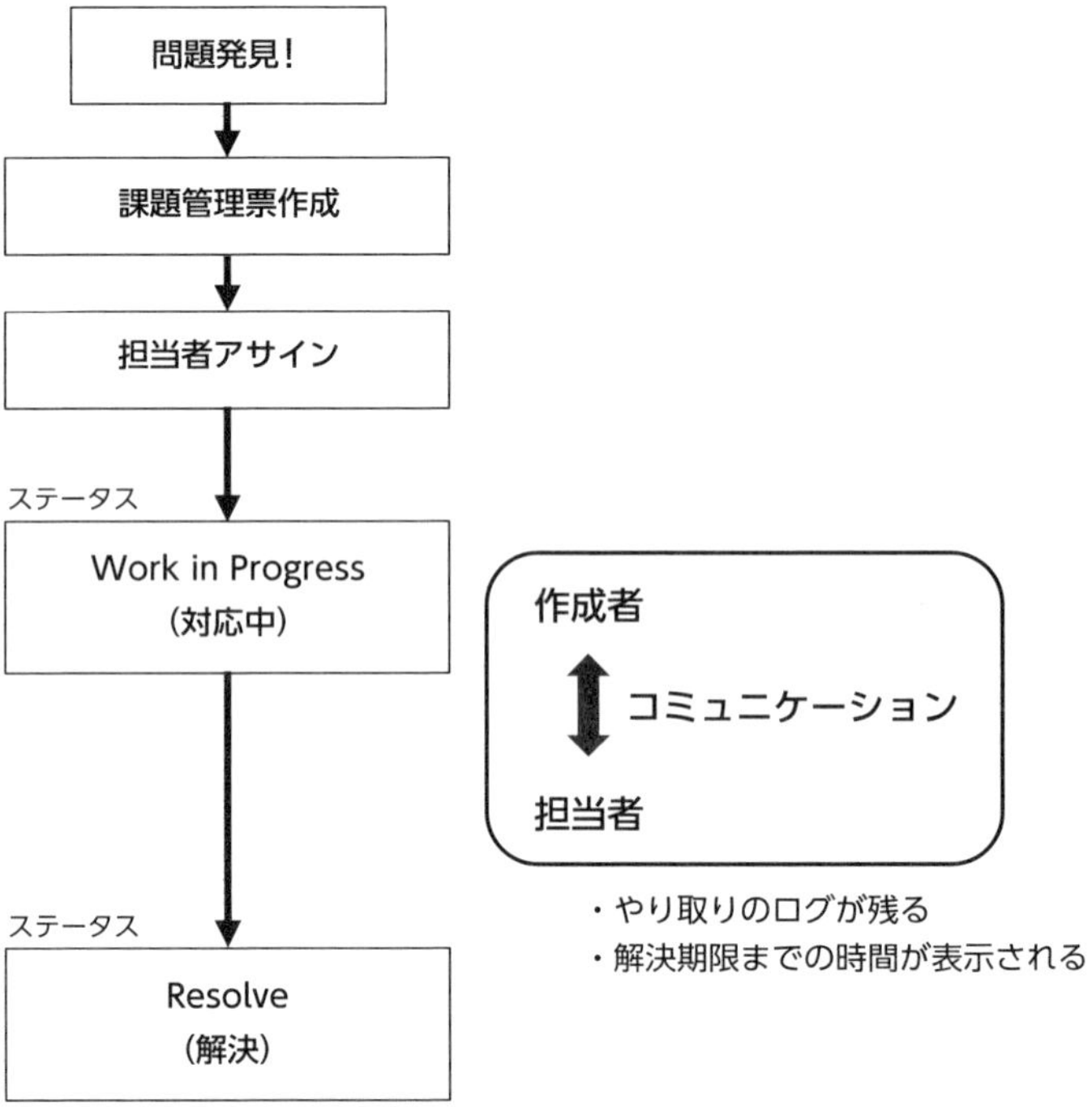

このやり取りは全て、ログが残ります。また、「サービスレベル（解決期限）まであと何分」というものが課題管理票のシステム上に表示され続けます。

オープン状態（未解決）の課題管理票は世界中で1万件ほどもあります。絶えず新しい問題や改善案が上がり、それに対して日々アサインされた担当者が動いているのです。

ＩＴの仕組みをオペレーションに応用

こうした仕組みは、ＩＴ企業や、システム部門などで仕事をしている方なら、なじみのあるものではないでしょうか。通常、このような仕組みは、システムの障害を報告したり、それに対応していくために使われるものです。特に大人数でシステム開発を行っていたり、開発部門とユーザーからの問い合わせを受ける部門が違っていたりする場合には、こうした仕組みが有効活用されます。

アマゾンはこの仕組みを、システム関連だけでなくオペレーションでも活用しているのです。ほかにもこうした仕組みをオペレーションに活用している企業は増えていますが、アマゾンほど徹底して日々のオペレーション改善に活用している会社はないと思います。

ちなみに、この課題管理票の緊急度が高い場合には、電話会議を開いて、担当者にリアルタイムで対応してもらいながら、コミュニケーションを取り続けます。すると、課題管理票を作成した人は、解決するまで担当者にプレッシャーを与え続けることになります。嫌な役回りですが、やるしかありません。

たとえば、日本側は昼間でも、担当者がアメリカにいて真夜中だったりすると、担当者は寝ているところを起こされて、緊急対応することになります。そうすると、担当者は眠いので、まだ解決していなくても課題管理票のステータスをResolveにしてしまうことがあります。しかし、課題管理票を作成した人は、ResolveにされたチケットをReopenすることができるので、そこで争いになることもあります。


このようなやり取りを、オペレーションに関わる全社員が、毎日のように行っているのです。課題管理票を作成する人も、アサインされた担当者も大変ではありますが、問題が解決されること、改善案が実行に移されることをシステムで担保しているので、日々オペレーションの質が上がっていくのです。

こうした課題管理票のシステムを活用できているのは、アマゾンがもともとテクノロジーの会社であり、システム開発の手法を流用することができたということがあります。

では次に、システムの側面を見てみましょう。

アマゾンのシステム

自社開発とアジャイルによるスピーディーな対応

アマゾン式ロジカル経営の3つの柱の最後は「システム」です。アマゾンでは、システム管理が徹底されています。そもそも、ビジネスの対象としている商品数が膨大な数ですので、マニュアルでの管理では到底対応できません。システム管理はある意味欠かせないのです。

2章でも触れましたが、顧客の注文を満たすフルフィルメントの部分だけでも、注文管理システム、物流管理システム、購買管理システム、配送管理システムがありますし、そのほかにも需要予測のシステムや、前述のような社内の問題報告のための課題管理票のシステムなどもあります。

こうした多数のシステムが、アマゾンの日々のオペレーションを支えているわけですが、毎日オペレーションのPDCAが回っている状況ですので、システムもそれに合わせて日々改善していくことになります。新しいシステムを構築して終わりではなく、継続的にシステムの改良を行っているのです。これをスピーディーにできることが、アマゾンの強みです。

アマゾンは基本的にシステムを内製、つまり自社で開発しています。システム開発を外部に委託せず、開発のためのエンジニアを社内で抱えているのです。内製することで、同じお金をかけても、よりスピーディーな開発が可能になります。新規のシステム開発でも、アマゾンのニーズに合わせて細かく開発をすることができますし、改良や障害対応についても、スピーディーに対応することができます。

また、社内のエンジニアだと責任感が違います。１つのシステムを受注して、作って終わりという関係ではないので、継続的に責任を持つことができますし、会社側の視点に立って作ることができます。ここが、とても大きな強みになっています。

ちなみに、アマゾンのシステムの開発方式は「アジャイル型」といって、短いサイクルでどんどんリリースしていき、使いながら不具合や改良点があれば直していく、という形のものです。アジャイル型の場合、仕様は日々ニーズに応じて柔軟に変わっていきます。

これに対して、最初に仕様をしっかり決め、一定の開発期間を取って、高い品質を目指して開発するのが「ウォーターフォール型」と呼ばれる開発方式です。

ウォーターフォール型の場合、開発期間が決められているので、開発担当者はそのスケジュールに合わせて仕事をし、開発が終われば一息つくことができます。そして、開発を担当するエンジニアと、開発が終わった後の運用（障害対応など）を担当するエンジニアが分かれていることも多いのです。

しかし、アジャイル型の場合には、常に使いながら改良し続けるという形ですので、開発者は休む暇がありません。開発する人と運用する人が同じなのが一般的です。アマゾンでは「技術者至上主義」と言ってもいいくらい、技術者の地位が高く、待遇もいいのですが、緊急対応で夜中に呼び出されることも多く、仕事はかなりきついようです。

私がアマゾンジャパンでカスタマーサービスのマネージャをしていた時、ある大手顧客から緊急の問い合わせを受けて、課題管理票の対応を行ったことがありました。この時、アメリカのエンジニアがアサインされて、24時間対応をしてくれたのですが、日本側の担当者である私は、解決できないと顧客に直接責められますし、その後のビジネスに影響が出る可能性もあるので必死です。顧客に代わって、早く解決してもらえるように、一晩中エンジニアに働きかけます。

こういう緊急事態が起こると、エンジニアは何か予定が入っていたとしても、解決するまで仕事から離れられません。休憩すらできないこともあります。こうした問い合わせが、アマゾンの世界中の拠点で発生するわけですから、対応するエンジニアの仕事の過酷さがうかがい知れます。

ちなみにアマゾンは、昔はアメリカでシステム開発を行っていましたが、今では「デベロップメントセンター」として、オフショアのシステム開発センターを世界各地に持っています。マイクロソフト、グーグル、アップルのようなＩＴ企業ではこうしたオフショアのセンターがあることが一般的なのですが、それらの企業と同じように、オフショアの開発センターをアマゾンが自前で持っていることから、システム開発にどれほど力を入れているかがわかるでしょう。

アマゾンの人材戦略

一流の人が吸い寄せられる会社

本章の最後に、アマゾンの人材戦略について紹介したいと思います。アマゾンには、不思議なくらい、一流の人が集まってきます。もちろん待遇が良いということもあるでしょうが、それだけではないと思います。アマゾンでは、他の会社では経験できない面白い仕事ができるということが大きいでしょう。働く場所として見た時に、アマゾンは他の会社と何が違うのでしょうか。

厳しくマージンコントロールしていますので、常に効率化が求められますし、要求される仕事のレベルは高いので、つらくなる人もいます。私自身も10年間アマゾンジャパンに在籍している間に、何度もやめようかと思いました。しかし、それ以上に面白いことが多いのです。

他の会社と大きく違うのは、新しいことにチャレンジできる土壌があることです。会社全体としても新しい展開をどんどん進めていますし、個人としても新しいことにチャレンジできます。

また、話がロジカルに進むという点も他の会社、特に多くの日本企業とは違います。数値やデータをもとに、こうしたほうがもっと良くなると思えば、それを提案し、まわりを説得できればオペレーションに反映されていきます。

日本企業では、前例がないとか、日本の商慣習と合わないとか、時には理由もなく、ロジカルな経営判断がなされないことが多くあります。少なくとも私はアマゾンでは、そうしたことに苛立ちを感じることはありませんでした。

さらに、優秀な人と仕事をしたい、と思った時に、アマゾンにいれば、勝手に優秀な人、時には、その分野のスーパースターのような人が参画してきてくれるので、自分が動いて探し回る必要がない、ということも魅力です。

優秀な人というのは、変化を求める人が多く、まだ世界にない新しいものを作ってみたいと思っている人も多いのです。そうした人を惹きつける魅力がアマゾンにはあります。そして、優秀な人は、やはり話の通じる優秀な人と一緒に働きたいと思っています。そうなると、自然と優秀な人が集まり、会社としても進化し続けるので、さらに面白い仕事を求める優秀な人が集まるという好循環になります。

柔軟で好奇心が強く、世界中の優秀な人たちと仕事ができる環境を求める人には、アマゾンという会社はぴったりでしょう。

変わり続けられる人しか働けない

しかし、厳しい側面ももちろんあります。アマゾンという会社の中では、常に人とシステム（機械）との戦いが起こっています。どういうことかというと、人が手作業で行っている仕事が、システムや機械で自動化できるものであれば、どんどん自動化されていくのです。自動化できるものは、人が行うよりシステムや機械が行うほうが、時間的にもコスト的にも効率化できるからです。

そして、各社員が、自動化できることを見つけたら自動化の提案を出す、そういう文化が根付いています。仮に自分が気付かなかったとしても、あるいはあえて見過ごそうとしていたとしても、他の人が自動化の提案を出すでしょう。

そうすると、自分が今まで行ってきた仕事がどんどん自動化され、自分の仕事がなくなっていくわけです。なくなったからと言って、誰かがその分仕事を与えてくれるとは限りません。大抵は自分で自分の仕事を探す必要が出てきます。自分の存在意義を自分で作らないといけないのです。

そうすると、最初に採用された時とは、全く違う仕事をすることになる可能性もあります。というよりも、そのように仕事がどんどん変わっていくことのほうが普通です。自ら探す以外に、仕事をアサインされることもありますが、そうした場合、経験があるかないかにかかわらずアサインされます。全く未経験の仕事の場合には、勉強しながら仕事をしていくことになります。仕事内容が変わるだけでなく、社内の方針やルールが変わることも多々あります。こうした決定があれば、従わないわけにはいきません。この状態が、アマゾンで働き続ける限り続きます。

ですから、アマゾンでは変わり続けられる人しか働けないのです。「ダーウィンの進化論」のように、適応できない人は淘汰されていく、そうした仕組みになっています。

最近のアマゾン社内の動きを見ると、やはり相当にAI化が進んでいるようです。予算を見直す際に、実績や見込みに対する比較をして見直しをするのですが、以前はファイナンスチームが各事業部と話して、この見直し用の資料を作成していました。しかし、最近ではAIでこれを行っているそうです。AIを利用したほうが、効率的なだけでなく、信頼できるデータを作成できるのでしょう。

また、バイヤーの仕事もどんどんＡＩに置き換えられているようです。以前から、コンピュータで予測できる商品については、コンピュータが予測して、自動発注していました。そして、コンピュータでは予測できない商品は、バイヤーが判断してマニュアルで発注するということを行っていたのです。たとえば、商品の特性によって、過去の情報がなかったり、交渉しないと十分な数を調達できないようなものなどです。新製品が発売される前の予約商品については、予約状況を見ながらバイヤーが仕入れる数を決めていました。

こうした分担がどんどん変わってきているのです。バイヤーが行う範囲はどんどん狭められ、今では予約商品すらＡＩを活用して発注しているそうです。

高い人材のレベルを維持する独自の仕組み

前述のように、アマゾンには自然と優秀な人が集まってくるサイクルがありますが、それ以外にも仕組みとして、高いレベルの人材を採用する仕組みがあります。

新卒採用のプロセスとしては、エントリーシート提出、Ｗｅｂテスト、一次面接、二次面接、インターンシップ、最終面接という流れになっています。キャリア採用の場合にはＷｅｂテストとインターンシップが省略され、二次面接＝最終面接になるイメージです。客観的に見ると、他の多くの企業の採用プロセスと変わらないと思います。

しかし、内部的には、採用において非常に特徴的な仕組みがあります。それは、「バーレイザー」と呼ばれる、採用の拒否権を持つ人がいることです。バーレイザーとは「基準を上げる人」を意味します。

バーレイザーの仕事は、他の面接官に指導をしたり、面接に立ち会ったりして、様々な観点から求職者を見ることです。優秀であること、ロジカルであることはもちろん必要ですが、アマゾンという会社に合うかどうかも重要な観点です。そして、採用する部門の長がゴーサインを出したとしても、バーレイザーがＮＯと言えば、その人は採用されません。そのような強い拒否権を持つバーレイザーの存在が、アマゾンの高い人材レベルを維持しているのです。

ちなみに、私はアマゾンジャパンがバーレイザーの制度を始めた時の、４人のバーレイザーのうちの１人でした。バーレイザーとして選ばれる人に共通するのは、人を見る目があり、優れた人材を採用してきた実績があること、そして、たとえ社長がＹＥＳと言ってもＮＯと言うことができる人、拒否した時に周囲が納得できる説明ができる人であることです。

バーレイザーという仕組みを置いて、そのような人材を週に何時間も面接にあてることは、もちろん会社にとっては大きなコストになるわけですが、アマゾンはそれだけ人材のレベルを維持することにこだわっているのです。そこまでするのは、どのような部門においても、「人」が重要だと考えているからです。たとえ優れた仕組みやシステムがあっても、それを運用し、さらに改善していくのは人です。まず人材ありき、という考え方が根底にあるのだと思います。

コラム：アマゾン流（？）英語習得術

私は、アマゾンジャパンに参画するまで、ビジネスで英語を使ったことがほぼありませんでした。

しかし、課題管理票を作成した時の担当者とのコミュニケーションや、グローバルのWBR（週次経営会議）などは全て英語です。最初は何を言っているのかわからないこともありましたが、コミュニケーションを取れなければ、アマゾンでの仕事をなくすだけです。そのプレッシャーで、自然と英語力は身に付いていきました。どんなふうにして英語が身に付いたのか、少しだけ紹介したいと思います。

たとえばグローバルのWBRは本当にシビアな会議でした。会議が始まるのは日本時間の朝7時頃。まずは会議前にユンケルを飲み、「自分はアメリカ人だ！ 大丈夫だ！」と自分に暗示をかけました。そして、世界中のメンバーと共に電話会議に出て、自分の番が回ってくるのを待ちました。

もしきちんと質問に答えられなかったらクビになることもあり得ます。ものすごい緊張感です。

もちろん毎回、できるだけの準備をしました。「こう聞かれたらこう切り抜けよう」というのを考えて、メモをして臨んでいました。それでも、想定外の質問が来ることは多々ありました。

最初の頃は焦っていましたが、他の人たちの英語を聞いているうちに、想定外の質問に対してどう時間稼ぎをしているのか、どう言い訳をすればいいのか、どう言えば質問者を満足させることができるのかがわかるようになってきました。

たとえば、質問に即答できない時には、こう時間稼ぎをします。

Good catch!（いいところに気付きましたね）

Good question!（いい質問ですね）

異常値ではないと思わせたい時には、こう言います。

It's within a fluctuation level.（誤差範囲です）

どうしても答えられない時には奥の手。

I will get back to you by Jan. 20th.（1月20日までに返答します）

これは必ず日付を言うことがポイントです。日付を言えば相手は納得してくれます。

こんなふうにして、まさに本番で、実戦で、自然と必要な英語が身に付いていきました。自分のクビをかけた、プレッシャーを利用した英語習得。かなり刺激的ではありますが、本気で英語を身に付けたい人にはおすすめです。

第４章

日本企業はどうアマゾンに対抗すべきか

さて、ここまで、アマゾンの物流戦略と、それを支えるアマゾン式ロジカル経営の3つの柱、人材戦略などを紹介してきました。アマゾンがどのように、ネット通販事業の世界を変え、物流の世界を変えてきたのか、そして、その裏にあるアマゾン独自の戦略や考え方がおわかりいただけたかと思います。

「真実の姿がよくわからないので恐い」という存在だったアマゾンが、より身近に感じられるようになったでしょうか。それとも、知る前よりもさらに恐ろしい存在になったでしょうか。

私は日本でEC・デジタル・物流戦略のコンサルタントをしていますが、「アマゾンに対抗したい」という企業の経営者によくお話することがあります。それは「アマゾンと他の日本企業の物流システムの現状は、大学生と小学生ほども差がある」ということです。そう簡単には追いつけないし、逆転できないくらいの差です。

では、そのような大きな差をつけられてしまった日本企業に、為す術はあるのでしょうか。本章では、私が考える日本企業の物流の課題、そしてアマゾンに対抗する術をお伝えします。

日本においての物流課題

日本企業の中でも、きちんと現状を見て危機感を持っている会社は、これまでのビジネスのやり方では生き残れないことをわかっています。そして、アマゾンのような倉庫を作りたい、アマゾンのような物流システムを作りたい、と相談を受けることも多くあります。

しかし、多くの日本企業において、アマゾンに匹敵する物流システムを作れない理由があります。その理由とは何でしょうか。

日本企業においてアマゾンに匹敵する物流システムが作れない理由

その理由とは、物流に大きな投資ができないことです。

前述のように、アマゾンは物流システム構築に向けて、何年もかけて大きな投資をしてきています。そして、絶えず改良し、良い人材をあてています。それは、物流が非常に重要だと経営陣が認識し、コミットしているからです。

これに対して、多くの日本企業では物流へのコミットがありません。つまり、売上をあげてくる営業部門に対して、物流はコストセンターであり、できるだけ問題なく動かして、人件費もあまりかけないのが良い経営だという認識なのです。そこに社運をかけるような大きな投資をすることは非常識だ、という感覚なのでしょう。

しかし、アマゾンの登場により、配送スピードや品質への顧客の期待値は上がってしまいました。特にアマゾンと競合する企業にとっては、アマゾンに匹敵する物流システムを構築しないわけにはいきません。いまやアマゾンではあらゆる商品を購入することができますから、ネット通販を行っている企業で、アマゾンと競合しない企業はほとんどないと言ってもいいでしょう。

そうなると、できる限りの投資をして、物流システムや倉庫を改善しよう、ということになります。しかし、そこで間違った方法をとってしまうと、アマゾンに対抗するどころか、投資が全くの無駄になってしまうこともあります。

カタログ通販用倉庫をｅコマース用に転用しようとした部品メーカー

たとえば、以前からカタログ通販を行ってきた、とある部品メーカーは、カタログ通販のみをやっていた時代から使っていた倉庫を、そのままｅコマース用に転用しようとしました。しかし、カタログ通販のみの時代の倉庫は固定ロケーションでした。前述のように、少品種多ロットの場合には固定ロケーションが向いているのですが、ネット通販になり商品数が多くなると、固定ロケーションでは効率が悪いのです。

固定ロケーションの倉庫で、もし１００万種類の商品を扱ったらどういうことになるでしょう。固定ロケーションの場合、１つの商品につき保管棚が決まっていますので、全部の商品を在庫として置くことは不可能です。フリーロケーションの場合よりもずっと、置ける商品数は少なくなってしまいます。そうすると、受注の少ないロングテール商品は在庫として持てず、受注が来てから仕入先に発注することになってしまいます。そうなれば、とても翌日配送など実現できません。

そこで、私はｅコマース用にフリーロケーションの倉庫を新しく作るべきだと提案しました。最初は、様々な理由で新しく倉庫を作るのは難しいと言っていたのですが、この会社は結果的にはｅコマース専用倉庫を作ることになりました。

最初からネット通販事業で始めた会社ではなく、途中からネット通販にも参入しようとする会社の場合、往々にしてこういった問題が発生します。それまで使ってきた倉庫を転用できるのではないかと簡単に考えてしまうのですが、固定ロケーションの倉庫をネット通販に利用することは、せっかく商品数が増やせるネット通販なのに、そのメリットを相殺してしまうようなものです。それどころか、効率が悪くなり、配送スピードが遅くなって、サービスレベルの低下につながる可能性もあります。それでブランドを毀損《きそん》してしまえば、ネット通販など始めなければよかった、ということにもなりかねません。

ＴＣ倉庫を通販用在庫の保管に使おうとしたアパレル企業

さらに、他の会社の例ですが、既存のＴＣ倉庫をＤＣ倉庫として利用しようとした会社もありました。思い出していただきたいのですが、ＴＣ倉庫は通過型、つまり仕分けのために使うだけで、保管の機能は持たない倉庫でした。よく使われるのは、アパレル業などで、中国で安く生産して日本に持ってきた商品を、日本中の店舗に仕分けして配送していく、というケースです。

とあるアパレル企業で、店舗販売以外にネット通販を始め、それまで使っていたＴＣ倉庫をネット通販用の商品の保管倉庫に使ってしまったところがあったのです。しかし、ＴＣには保管用の棚がありませんので、ＴＣ倉庫の空いているスペースの片隅に商品が積んであるという状態になってしまいました。商品数はそれなりに多いわけですから、ネットで注文があった時に、その商品を探すのは一苦労です。また、在庫の管理もきちんとできませんので、ネット通販分の在庫がない、ということが多発してしまいます。

アパレルの場合、お店で実物を見て、家に帰ってから通販で購入したいというニーズもあるので、そうした時に、お店にはあったのにネット通販には在庫がないとなると、顧客は失望してしまいます。

ネット通販も既存の店舗と同じ1店舗と考えて、新たな投資をしないで既存の枠組みで行おうとすると、このようなことになってしまいます。ネット通販を始める時には、それなりの大きな投資が必要なのです。

日本企業が物流を変えられないもうひとつの大きな理由

もう1つの大きな課題としては、物流を支える人材の不足があります。特に物流管理者となる人材は、前述のように経営やシステムがわかる人が必要です。そうなると、MBA取得者などに、それなりの報酬を出して来てもらう必要があります。もしくは、既存の人材を教育して、育てる必要があります。

しかし、この点に関しても、やはり経営陣の物流に対する意識が影響してしまいます。つまり、物流の人材にそんな高い給与は出せない、ということになってしまうのです。

もしかすると、物流に投資をするなら、人材よりも設備や機械に投資をしたい、という話になるかもしれません。アマゾンでもたしかに、倉庫の中でロボットが動いています。しかし、まずは人材が重要なのです。「まずはロボット」というのは優先順位を間違えています。

そもそも、いきなりロボットを導入して、うまく仕事が回るでしょうか。トラブルが起こった時に対処できる人はいるでしょうか。ロボットを効果的に働かせるのも、トラブルに対処するのも、さらに良い効率化の案を出すのも、やはり人間なのです。

前述のように、アマゾンは優秀な人材を物流に投入しています。そして、人を育て続けています。そのうえで、ロボットを導入しているのです。

日本企業が今後とるべき物流戦略

では、このような課題を抱える日本企業は、今後どのような物流戦略をとるべきなのでしょうか。結論から言うと、長期視点で、人材教育、オペレーション改善、システム投資の3つを行うことが必要です。

日本企業が行うべき人材教育

人材については、いきなりMBA取得者を雇うことは難しくても、既存の物流部門の人材を教育することはできるはずです。この物流管理者養成のための教育は、物流だけを学ぶのでは足りません。今後ますます物流が重要になってくる時代において、物流管理者は経営の仕組みを知り、その中での物流の重要性を知り、そしてシステムがわかることが必要だからです。

ですから、1ヶ月や2ヶ月ではなく、少なくとも半年程度かけて、物流管理者を養成するつもりで人材教育を行うことをおすすめします。その人材は、物流戦略を経営者の視点で考えられるようになり、物流を基軸に、その会社のビジネスの発展に貢献できる人材になります。そうなれば、その半年間の教育は良い投資になります。

最近では、物流関連の研修や資格などもありますが、多くは物流業務に関する知識だけを対象にしていると思います。もちろん、そうした知識はベースとして必要ですが、実際の物流現場では、日々起こる具体的な課題に、その知識を応用して対処していかねばなりません。その時には、考える力、討論する力、説得する力なども必要になります。

私の会社で提供している物流管理者養成ワークショップでは、必要な知識をテーマごとに学び、経験豊富な実務経験者と共に、現場の課題を討論していきます。座学だけでなく、ケーススタディ、実践、振り返りを通して、管理者能力が身に付き、継続的に伸ばしていくこともできるようにしています。

せっかく研修を行って人材育成するのであれば、どのような能力を身に付けて、どう実践に活かしてもらうかというところまで考えて、研修方法を検討することが必要です。形だけの研修や資格取得になってしまっては、結局会社のためにはなりません。

日本企業が行うべきオペレーション改善

また、現状のオペレーションの見直しをして、設備を入れなくても改善できることがあれば改善していきます。これは、感覚的なものではなく、様々な指標にもとづいて、データを取って議論していかなければいけません。

この時に重要なのが、KPI管理とアクションプラン管理です。3章で見たように、KPIは設定すればいいというものではなく、どのような指標をKPIとして設定するか、そして継続的にKPIの動きを見て、問題があれば改善アクションにつなげていくということが非常に重要です。

実は、日本企業の経営者から物流についての相談を受ける時、「業務改善をしているが結果が出ない」という悩みをよく聞きます。これは、そもそも何をゴールとして目指せばいいのか、改善活動に対しての業務の指標がしっかり設定されていないから起こることが多いのです。

また、「改善活動が継続されない」という悩みもあります。これは、改善活動の進捗がどうなっているのか、継続的に監督する機会がなかったり、改善活動自体の効果がよくわからないのでモチベーションが下がってしまうことが原因で起こります。結果が出ているのかがわからないと、やる気をなくしてしまうのは、どんなことでも同じです。

ＫＰＩを設定していたとしても、間違った指標をＫＰＩとして選んでしまったり、継続的に見ることができていなかったり、具体的なアクションに結びつけることができなければ、そのＫＰＩには意味がありません。ですから、現状ＫＰＩを設定していたとしても、本当に意味のあるＫＰＩを設定しているか、改善アクションにつなげられているのかを見直していただきたいのです。

アマゾンでＫＰＩによる実効性のあるオペレーション改善を目の当たりにしてきた経験から、私はＫＰＩ設定に関して３つの考えを持っています。

第一に、オペレーション改善のためのＫＰＩとしては、①生産性、②品質、③コスト、④サービスの４つの基軸で、シンプルな基本指標を作っていくことが重要です。

第二に、①生産性と②品質、③コストと④サービスは、それぞれシーソーの関係にあるため、バランスを取ることが必要です。シーソーの関係というのは、どちらかを重視すると、もう一方が下がってしまうという関係のことです。いずれも大切な指標ですので、一方が下がり過ぎないように注意する必要があります。

第三に、ＫＰＩは自社でコントロールできる数値にする必要があります。オペレーションを改善したり、何か自社でアクションを起こすことで改善できる数値をＫＰＩにするのです。クライアントの事情や、一定のイベントなどに左右されてしまうようなＫＰＩは設定しないようにします。

そのほかに重要なのが、責任ある立場の人間が入って、これらのＫＰＩや改善アクションの進捗管理を継続的に行う体制を作ることです。現場の社員だけでこれを行おうとすると何のために行っているのかわからなくなってしまったり、物流以外の部門の協力が必要な場合に、そこがボトルネックになって改善アクションが止まってしまったりします。

たとえば、社長やその他の経営陣が入る形で、ＫＰＩや改善アクションの進捗を確認する会議を毎月開催するなど、本気でＫＰＩを見て、オペレーションを改善していくための体制を作ってください。そうすれば必ず会社のオペレーションは変わっていきます。

日本企業が行うべきシステム投資

最後にシステム投資ですが、これは効率的に、そして正確に物流を動かしていくために不可欠なものです。また、物流に限りませんが、ＰＤＣＡを回してオペレーションを改善するためにも、システムを利用して議論のベースとなるデータを取る必要があります。

ただし、システム投資に関しても、まずはオペレーションありきです。最初からＥＲＰなどのシステムを導入しようとするのではなく、まず自社のビジネスの実態を把握し、どのようなシステムがあれば、そのオペレーションの正確性を担保していけるのか、効率化していくことができるのかを検討してください。これを行うことができるのは、やはり物流のことがわかり、システムのことがわかる人材です。ですから、最初の人材育成というのが大事になるのです。

以上、人材教育、オペレーション改善、システム投資の３つを行うことが、日本企業がアマゾンに対抗していくために不可欠です。

この3つのベースとして、物流の重要性を経営陣が認識することが必要です。物流は、今の時代、経営戦略において非常に重要なものです。物流次第で、顧客を失い、ビジネスが縮小していく危険性もあれば、マーケティングと同じように顧客を増やし、ビジネスを拡大できる可能性もあります。物流だけで完結するビジネスはありません。物流を経営全体の中で見る視点を持ち、物流を含めた全体最適を考える必要があります。

アマゾンが日本企業に教えてくれたことは、ロジカルな経営の強さ、人材の重要性、そして何より、物流の重要性でした。実際、日本企業の経営者たちの物流に対する意識は以前よりもかなり上がってきていると思います。これを無視せずに、物流戦略をきちんと策定し、遂行して、ビジネスを発展させることができるかどうかは、日本企業の経営者の危機感と行動力にかかっています。

日本企業のアマゾンへの対抗策

さて、物流戦略に限らず、日本企業がこの先どのようにアマゾンに対抗していくべきかを最後にまとめたいと思います。私が考える唯一の対抗策は、アマゾンと真正面からぶつかろうとするのではなく、真似すべきところを取り入れ、自社の独自の強みを出していくことです。

そもそも、アマゾンと多くの日本の小売企業とでは、ビジネスモデルに違いがあります。アマゾンは完全にグローバルモデルです。つまり、グローバルなプラットフォームで、スケーラビリティを活かしてサービスを展開することを前提にしています。ですから、これまで述べてきたように、物流やテクノロジーに関してお金のかけかたが桁外れです。また、アマゾンは通販に特化しているという点もあげられます。

ですから、日本を中心にビジネス展開している企業や、通販だけではなく店舗も展開しているような企業が、アマゾンの戦略を真似することは現実的ではありませんし、ビジネスにそぐわない部分が出てきます。

これまで、アマゾンのサービスレベルに対抗しようと、無料配送や、スピード配送（リードタイムの短縮）の実現を目指し、必死にアマゾンを追いかけてきた企業も多いと思います。しかし、そのような努力には限界があるのではないでしょうか。そして、小売企業よりも先に、配送業者が疲弊しきってしまったのが、ここ最近の状況です。

これはある意味、転機だと思います。アマゾンへの対抗策をあらためて考える時が来ているのではないでしょうか。

ずばり申し上げると、アマゾンから学ぶべき点は「顧客視点」と「長期視点」の２つです。この２つは、どのような小売企業にとっても、ビジネスを成功させるうえで必要な視点です。しかし、その方法論までアマゾンの真似をする必要はありません。

アマゾンの「顧客視点」と「長期視点」だけを真似して、具体的に自社がどのような価値を顧客に提供できるのか、長期視点で何に投資をしていくのかを考えるのです。実現方法はいろいろあるはずです。それを考え直す機会にしていただければと思います。

確実に言えるのは、現状のままではなく、何かシフトをしていかないとだめだということです。そうでなければ、アマゾンの起こした小売ビジネスの激変の波にのまれてしまいます。

反対に、顧客視点と長期視点を取り入れて、自社の強みを見つけ、磨いていくことができれば、アマゾンに全ての顧客を持っていかれるということはありません。

アマゾンは非常にパワーのある企業です。同じ土俵で戦おうとしたら、今のままの日本企業に勝ち目はないでしょう。マインド、ビジネスのやり方、全てを変えていかなければなりません。しかし、長年培ってきた自社の良さや強み、あるいは今後発展する可能性のあるビジネスの種まで捨てる必要はありません。何を残し、何を変えていくべきなのか、アマゾンの強さの秘密を参考にしながら、考えていただければと思います。

おわりに

このままでは日本企業は大変なことになる。

それがアマゾンを内部から知っていて、日本企業からＥＣビジネスや物流戦略に関する相談を受けている私の実感です。

右肩上がりの時代はとうに終わりました。一生懸命働けば、それほど頭を使わなくてもビジネスが拡大し、新しいビジネスの展開にも関わることができ、充実した会社人生を送れる。そうした時代は、もう随分遠い昔のことになってしまったのです。しかし、いまだにその頃の感覚で働いている企業人や経営者が多くいます。

今は、頭を使い、挑戦をした人だけが、右肩上がりのビジネスに参加できる時代です。そして、企業人として、経営者として、そのビジネスに参画している実感と、充実感を得ることができる時代なのです。

特に小売の世界では、何もしなくても右肩上がりに成長していた時代を引きずり、「今までと同じように」ビジネスをしている会社が多くあります。アマゾンが登場して、時代が大きく変わったのを感じながらも、何も行動を起こしていない会社もあります。

しかし、そうした会社は、残念ながら淘汰されてしまいます。アマゾンは、完全な資本主義によってビジネスを展開しています。そして、データにもとづくロジカルな経営を行っています。その取扱商品の多さから、競合企業でなくても、多かれ少なかれアマゾンと関わらざるを得ない会社が多いでしょう。

その時に、アマゾンとどのような関わり方をするのか、それは今後のあなたの会社のビジネスを左右する判断になると思います。

本当に会社のためになることは何なのか、本当に顧客のためになることは何なのか。頭を使って考えることが必要です。単にアマゾンの真似をすればいい、というわけではありません。というよりも、アマゾンの真似は生半可な覚悟ではできません。それでも、アマゾンの物流戦略や経営手法は、何か参考にできるはずです。

４章の最後に述べたように、アマゾンと真っ向からぶつかるのではなく、取り入れるべき顧客視点と長期視点を真似し、方法論は独自のものを考え抜く。それが、日本企業が今後とるべき策だと私は考えます。

本書を読んでくださった方が、アマゾンという強大な企業をただ恐れたり嫌ったりするのではなく、負けるものかと奮起し、その企業理念を参考にして、より良い形でビジネスを発展させるきっかけとしていただければ本望です。

２０１７年11月

株式会社鶴 代表　林部 健二

主な参考文献

『ジェフ・ベゾス　果てなき野望』ブラッド・ストーン　日経ＢＰ社　２０１４年
『仁義なき宅配：ヤマトＶＳ佐川ＶＳ日本郵便ＶＳアマゾン』横田増生　小学館　２０１５年
『アマゾンと物流大戦争』角井亮一　ＮＨＫ出版新書　２０１６年
『物流ビジネス最前線　ネット通販、宅配便、ラストマイルの攻防』齊藤実　光文社新書　２０１６年

林部 健二 （はやしべ・けんじ）

米系ラグジュアリーブランドにてMDを経験後、2001年アマゾンジャパン立ち上げへ参画。サプライチェーン部門、テクニカルサポート部門責任者を歴任し、立ち上げからの約10年間アマゾンジャパンの成長に貢献する。その後、大日本印刷、ドコモが出資するオンラインベンチャー企業及び大手ワイン会社にてEC部門を統括。2014年 株式会社 鶴を設立。欧米企業のEC事業管理手法をベースに、数々の企業にて日本のオンラインマーケットにあったEC事業運営を構築、コンサルティングを行う。

株式会社 鶴 http://kbtru.com

なぜアマゾンは「今日中」にモノが届くのか

2017年12月25日 初版第1刷発行
2018年2月1日 第2刷発行

著者　林部 健二

[制作]
編集・DTP　谷口 恵子
編集協力　玉村 優香
表紙・ブックデザイン　藤原 夕貴
図版制作　田中 清加
校正　株式会社ぷれす
印刷・製本　株式会社ダイトー

[発行情報]
発行人　谷口 一真
発行所　プチ・レトル株式会社
115-0044 東京都北区赤羽南2-6-6
スカイブリッジビル地下1階
TEL:03-4291-3077　FAX:03-4496-4128
book@petite-lettre.com
http://petite-lettre.com

ISBN 978-4-907278-66-3
乱丁本・落丁本は送料小社負担にてお取り替えいたします。